KB139545

왕초보 일본어 단어장

왕초보 일본어 단어장

지은이 넥서스콘텐츠개발팀
펴낸이 임상진
펴낸곳 (주)넥서스

초판 1쇄 발행 2017년 8월 20일
초판 5쇄 발행 2023년 10월 1일

출판신고 1992년 4월 3일 제311-2002-2호
주소 10880 경기도 파주시 지목로 5
전화 (02)330-5500 팩스 (02)330-5555

ISBN 979-11-6165-072-2 13730

가격은 뒤표지에 있습니다.
잘못 만들어진 책은 구입처에서 바꾸어 드립니다.

www.nexusbook.com

日本語

ME-TIME BOOK

왕초보 일본어 단어장

넥서스콘텐츠개발팀 지음

넥서스

머리말

지금 이 책을 손에 든 당신은 정말 탁월한 선택을 한 것입니다. 외국어 학습에 있어서 단어 암기는 필수적이지만, 무작정 외우면 머릿속에 잘 들어오지도 않고 금방 잊어버리게 됩니다. 단어는 서로 연관 있는 것들끼리 묶어서 외우는 것이 효율적이고 기억에도 오래 남습니다.

〈왕초보 일본어 단어장〉은 일본어 학습자를 위한 체계적인 단어장입니다. 우리의 일상생활을 16개의 테마로 나누어 주제별로 자주 사용하는 단어를 정리하였습니다. 1단계에서는 학습자가 꼭 알아야 할 단어를 그림과 함께 기억할 수 있도록 하였고, 2단계에서는 1단계에서 학습한 단어를 확실하게 익힐 수 있도록 예문을 수록하였으며, 3단계에서는 한 단계 수준 높은 단어를 수록, 4단계에서는 실력이 얼마나 향상되었는지 연습문제를 통해 확인해 볼 수 있습니다.

또한 〈왕초보 일본어 단어장〉은 본문 내용을 한국어와 일본어로 동시 녹음하여 학습자들이 책 없이도 공부할 수 있으며, 듣기 능력 또한 향상시킬 수 있습니다.

〈왕초보 일본어 단어장〉을 항상 가지고 다니면서 시간이 날 때마다 틈틈이 공부하세요. 어느새 눈부시게 발전한 당신의 어휘 실력에 미소 짓게 될 것입니다.

이 책의 활용 방법

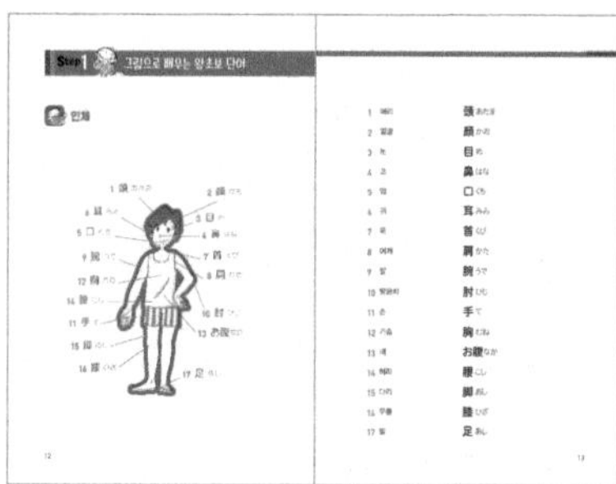

Step 1
그림으로 배우는 왕초보 단어

일본어 입문서를 보긴 봤는데 통 단어가 외워지지 않는다고요? 그런 분들을 위해 그림을 보고 외우는 일명 연상 작용을 이용한 학습법을 소개합니다. 글자가 아닌 그림으로 인식되어 더 쉽게 외워진답니다.

Step 2
왕초보 단어 다지기

단어만 외우는 것으로 끝난다면 그건 수많은 퍼즐 조각들이 흩어져 있는 것과 같습니다. 이제 퍼즐 조각을 제자리에 맞추듯 배웠던 단어들이 문장에서 어떻게 쓰이는지 예문을 통해 확실히 익혀 보세요.

Step 2 왕초보 단어 다지기

頭が痛い。

私の顔はとても丸い。

彼女の目はきらきら光る。

彼女は鼻が高い。

彼は口が大きい。

私の耳には何にも聞こえない。

鹿は首が長くてかわいい。

彼は肩が広い。

手を上げてください。

右の脚 / 左の脚

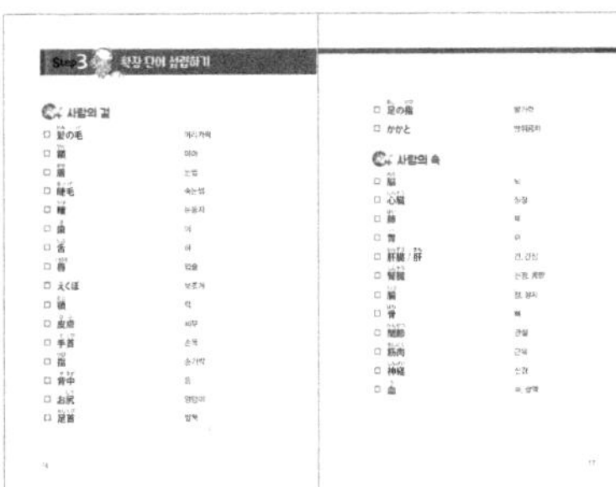

Step 3
확장 단어 섭렵하기

평생 초급에서만 머물 수는 없습니다. 일본어를 시작했다면 이 정도 어휘력은 갖추고 있어야 일본어를 한다고 할 수 있습니다. 일상생활에서 자주 사용하는 중요한 단어들을 모아 정리했습니다.

Step 4
연습문제

어휘력이 얼마나 늘었는지 연습문제를 통해 확인해 보세요. 재미있는 놀이처럼 문제를 풀다 보면 금세 실력도 쑥쑥 는답니다.

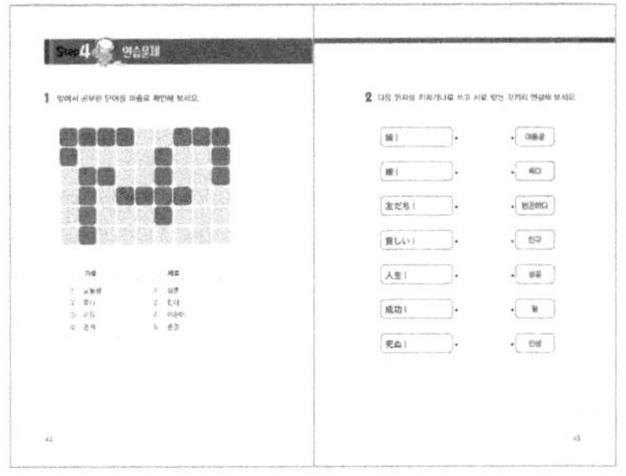

차례

section 1

인체

인체

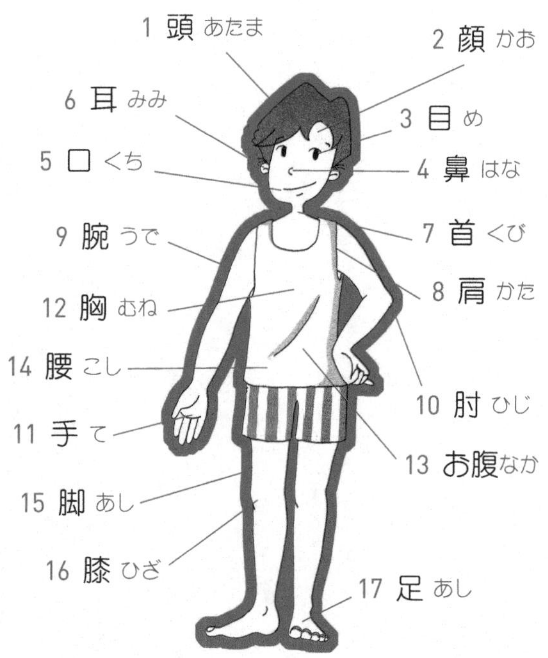
1 頭 あたま
2 顔 かお
3 目 め
4 鼻 はな
5 口 くち
6 耳 みみ
7 首 くび
8 肩 かた
9 腕 うで
10 肘 ひじ
11 手 て
12 胸 むね
13 お腹 なか
14 腰 こし
15 脚 あし
16 膝 ひざ
17 足 あし

1	머리	頭 あたま
2	얼굴	顔 かお
3	눈	目 め
4	코	鼻 はな
5	입	口 くち
6	귀	耳 みみ
7	목	首 くび
8	어깨	肩 かた
9	팔	腕 うで
10	팔꿈치	肘 ひじ
11	손	手 て
12	가슴	胸 むね
13	배	お腹なか
14	허리	腰 こし
15	다리	脚 あし
16	무릎	膝 ひざ
17	발	足 あし

Step 2 왕초보 단어 다지기

頭(あたま)が 痛(いた)い。

머리가 아프다.

私(わたし)の 顔(かお)は とても 丸(まる)い。

내 얼굴은 아주 둥글다.

彼女(かのじょ)の 目(め)は きらきら 光(ひか)る。

그녀의 눈은 반짝반짝 빛난다.

彼女(かのじょ)は 鼻(はな)が 高(たか)い。

그녀는 코가 높다.

彼(かれ)は 口(くち)が 大(おお)きい。

그는 입이 크다.

私(わたし)の 耳(みみ)には 何(なん)にも 聞(き)こえない。

내 귀에는 아무것도 안 들린다.

鹿(しか)は 首(くび)が 長(なが)くて かわいい。

사슴은 목이 길어서 예쁘다.

彼(かれ)は 肩(かた)が 広(ひろ)い。

그는 어깨가 넓다.

手(て)を 上(あ)げて ください。

손을 들어 주세요.

右(みぎ)の脚(あし) / 左(ひだり)の脚(あし)

오른쪽 다리 / 왼쪽 다리

Step 3 확장 단어 섭렵하기

사람의 겉

□	髪(かみ)の毛(け)	머리카락
□	額(ひたい)	이마
□	眉(まゆ)	눈썹
□	睫毛(まつげ)	속눈썹
□	瞳(ひとみ)	눈동자
□	歯(は)	이
□	舌(した)	혀
□	唇(くちびる)	입술
□	えくぼ	보조개
□	顎(あご)	턱
□	皮膚(ひふ)	피부
□	手首(てくび)	손목
□	指(ゆび)	손가락
□	背中(せなか)	등
□	お尻(しり)	엉덩이
□	足首(あしくび)	발목

□ 足(あし)の指(ゆび) 발가락

□ かかと 발뒤꿈치

04 사람의 속

□ 脳(のう) 뇌

□ 心臓(しんぞう) 심장

□ 肺(はい) 폐

□ 胃(い) 위

□ 肝臓(かんぞう) / 肝(きも) 간, 간장

□ 腎臓(じんぞう) 신장, 콩팥

□ 腸(ちょう) 장, 창자

□ 骨(ほね) 뼈

□ 関節(かんせつ) 관절

□ 筋肉(きんにく) 근육

□ 神経(しんけい) 신경

□ 血(ち) 피, 혈액

사람의 용모에 관한 표현

□ 美人(びじん)	미인
□ 体(からだ)つき	몸매
□ 背(せ)が高(たか)い	키가 크다
□ 背(せ)が低(ひく)い	키가 작다
□ 太(ふと)っている	뚱뚱하다, 살찌다
□ 痩(や)せている	여위다, 살이 빠지다
□ すらりとしている	날씬하다
□ かわいい	귀엽다
□ 素敵(すてき)だ / かっこいい	멋있다
□ 魅力的(みりょくてき)だ	매력적이다
□ きれいだ	아름답다, 예쁘다
□ ブスだ / ブ男(おとこ)だ	못생겼다, 보기 싫다
□ がっしりとしている	힘차고 튼튼하다

Step 4 연습문제

1 다음 한자를 히라가나로 쓰고 서로 맞는 것끼리 연결해 보세요.

頭 |	목
背中 |	손가락
髪の毛 |	혀
骨 |	머리카락
指 |	등
舌 |	뼈
首 |	머리

2 앞에서 공부한 단어를 퍼즐로 확인해 보세요.

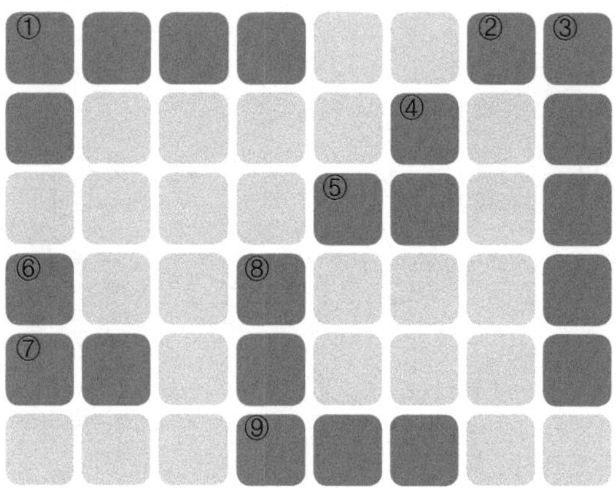

가로		세로	
①	머리카락	①	얼굴
②	땀	③	키가 크다
⑤	다리	④	허리
⑦	손가락	⑥	눈썹
⑨	미인	⑧	손목

section 2

감정의 희로애락

 감정 표현

嬉(うれ)しい
기쁘다

悲(かな)しい
슬프다

苦(くる)しい
괴롭다

好(す)きだ
좋아하다

嫌(きら)いだ
싫어하다

楽(たの)しい
즐겁다

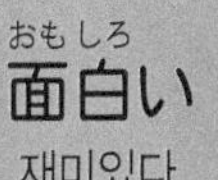

怖(こわ)い
무섭다

寂(さび)しい
쓸쓸하다

憎(にく)い
밉다

うらやましい
부럽다

恥(は)ずかしい
부끄럽다

Step 2 왕초보 단어 다지기

合格して 嬉しい。

합격해서 기쁘다.

悲しくて 涙が 出た。

슬퍼서 눈물이 났다.

咳が 止まらなくて 苦しい。

기침이 멈추지 않아서 괴롭다.

私は 甘い ものが 好きです。

나는 단것을 좋아합니다.

私は ペットが 嫌いです。

나는 애완동물을 싫어합니다.

今日(きょう)は 楽(たの)しい 一日(いちにち)でした。

오늘은 즐거운 하루였습니다.

この マンガは 面白(おもしろ)いです。

이 만화는 재미있습니다.

怖(こわ)くて 一人(ひとり)では 眠(ねむ)れない。

무서워서 혼자서는 못 잔다.

食(た)べても 太(ふと)らない 人(ひと)が うらやましい。

먹어도 살이 안 찌는 사람이 부럽다.

恥(は)ずかしくて 目(め)を 合(あ)わせない。

부끄러워서 눈을 못 맞추다.

확장 단어 섭렵하기

기쁨

□ 喜(よろこ)ぶ	기뻐하다
□ 感謝(かんしゃ)する	감사하다
□ 幸(しあわ)せだ	행복하다
□ 満足(まんぞく)する	만족하다
□ 安心(あんしん)する	안심하다
□ 好(この)む	좋아하다
□ すばらしい	좋다, 훌륭하다
□ 期待(きたい)する	기대하다
□ ありがたい	고맙다
□ 心強(こころづよ)い	마음이 든든하다

슬픔

□ 悲(かな)しむ	슬퍼하다
□ かわいそうだ	불쌍하다
□ 孤独(こどく)だ	고독하다
□ 失望(しつぼう)する	실망하다
□ 絶望(ぜつぼう)する	절망하다

□ 心配(しんぱい)する　걱정하다

□ 後悔(こうかい)する　후회하다

□ 疑(うたが)う　의심하다

□ 悩(なや)む　고민하다

□ 切(せつ)ない　애달프다

□ 惜(お)しい　아쉽다

4 분노 · 공포

□ 怒(おこ)る　화내다

□ 気分(きぶん)が悪(わる)い　불쾌하다, 기분이 나쁘다

□ 狂(くる)う　미치다

□ 興奮(こうふん)する　흥분하다

□ 緊張(きんちょう)する　긴장하다

□ 驚(おどろ)く　깜짝 놀라다

□ 恐(おそ)ろしい　두렵다, 무섭다

□ 怖(こわ)がる　두려워하다, 무서워하다

□ 不安(ふあん)だ　불안하다

□ 心細(こころぼそ)い　불안하다, 허전하다

□ 叱(しか)る　꾸짖다, 야단치다

4 사고

- □ 感(かん)じる　느끼다
- □ 考(かんが)える　생각하다
- □ 思考(しこう)する　사고하다
- □ 集中(しゅうちゅう)する　집중하다
- □ 意見(いけん)　의견
- □ アイディア　아이디어
- □ 注意(ちゅうい)する　주의하다
- □ 気(き)を使(つか)う　신경을 쓰다
- □ 想像(そうぞう)する　상상하다
- □ 知(し)る　알다
- □ 理解(りかい)する　이해하다
- □ 意識(いしき)する　깨닫다, 의식하다
- □ 経験(けいけん)する　경험하다, 체험하다
- □ 認識(にんしき)する　알다, 인식하다
- □ 意味(いみ)　의미
- □ 決心(けっしん)する　결심하다
- □ 諦(あきら)める　포기하다, 단념하다

판단

□	いい	좋다
□	悪い(わる)	나쁘다
□	覚える(おぼ)	기억하다
□	忘れる(わす)	잊어버리다
□	同意する(どうい)	동의하다
□	反対する(はんたい)	반대하다
□	否定する(ひてい)	부정하다
□	主観的だ(しゅかんてき)	주관적이다
□	客観的だ(きゃっかんてき)	객관적이다
□	重要だ(じゅうよう)	중요하다
□	必要だ(ひつよう)	필요하다
□	一般的だ(いっぱんてき)	일반적이다, 보통이다
□	典型的だ(てんけいてき)	전형적이다
□	合理的だ(ごうりてき)	합리적이다
□	完璧だ(かんぺき)	완벽하다
□	正確だ(せいかく)	정확하다
□	違う(ちが)	틀리다, 다르다

성격 · 태도

□ 性格(せいかく)	성격
□ 大(おお)らかだ	대담하다
□ 積極的(せっきょくてき)だ	적극적이다
□ 消極的(しょうきょくてき)だ	소극적이다
□ 真剣(しんけん)だ	진지하다
□ 慎重(しんちょう)だ	신중하다
□ 正直(しょうじき)だ	정직하다
□ 明(あか)るい	명랑하다
□ 優(やさ)しい	상냥하다
□ 親切(しんせつ)だ	친절하다
□ けちだ	인색하다, 쩨쩨하다
□ 几帳面(きちょうめん)だ	꼼꼼하다
□ 真面目(まじめ)だ	성실하다
□ 礼儀正(れいぎただ)しい	예의 바르다
□ 生意気(なまいき)だ	건방지다
□ 臆病(おくびょう)だ	겁이 많다
□ 我(わ)がままだ	제멋대로다

Step 4 연습문제

1 의미가 서로 반대되는 단어를 써 보세요.

좋다 |	⇔	나쁘다 |
적극적이다 |	⇔	소극적이다 |
걱정하다 |	⇔	안심하다 |
기쁘다 |	⇔	슬프다 |
결심하다 |	⇔	포기하다 |
기억하다 |	⇔	잊어버리다 |

2 앞에서 공부한 단어를 퍼즐로 확인해 보세요.

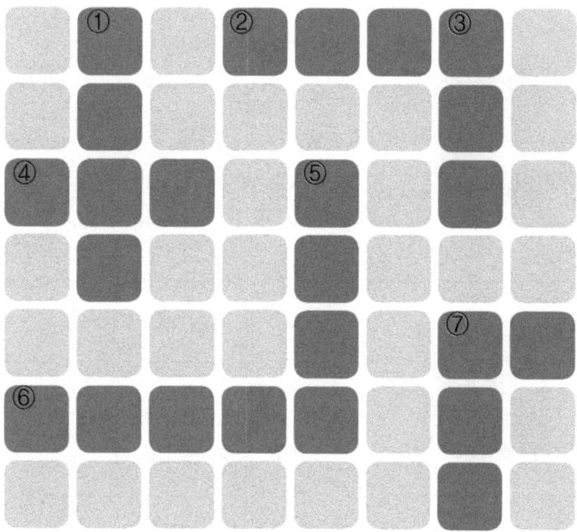

가로	세로
② 놀라다	① 기뻐하다
④ 화내다	③ 미치다
⑥ 부끄럽다	⑤ 쓸쓸하다
⑦ 알다	⑦ 사고

section 3

관계

Step 1  그림으로 배우는 왕초보 단어

 가족 호칭

お父(とう)さん	お母(かあ)さん	お兄(にい)さん	お姉(ねえ)さん
아빠	엄마	형, 오빠	누나, 언니

父(ちち)	母(はは)	兄(あに)	姉(あね)

妹(いもうと)	私(わたし)	弟(おとうと)
여동생	나	남동생

お祖父さん (じい)
할아버지

お祖母さん (ばあ)
할머니

叔父 (おじ) /
おじさん
삼촌, 큰아버지

叔母 (おば) /
おばさん
고모, 이모

Step 2 왕초보 단어 다지기

父(ちち)は 背(せ)が 高(たか)い。

아빠는 키가 크다.

母(はは)は 料理(りょうり)が 上手(じょうず)だ。

엄마는 요리를 잘한다.

兄(あに)と 姉(あね)は みんな 大学生(だいがくせい)だ。

형과 누나는 모두 대학생이다.

妹(いもうと)は 本当(ほんとう)に かわいい。

여동생은 정말 귀엽다.

弟(おとうと)は 小学生(しょうがくせい)です。

남동생은 초등학생입니다.

私(わたし)は 幸(しあわ)せです。

나는 행복합니다.

おじいさんは 田舎(いなか)に 住(す)んでいる。

할아버지는 시골에 사신다.

私(わたし)は おばあさんと 一緒(いっしょ)に 住(す)んでいる。

나는 할머니와 함께 살고 있다.

おじさんは 先月(せんげつ) 結婚(けっこん)した。

삼촌은 지난달 결혼했다.

おばさんは とても きれいだ。

고모는 아주 예쁘다.

Step 3 확장 단어 섭렵하기

가족 관계

	単語 (読み)	뜻
□	兄弟 (きょうだい)	형제
□	姉妹 (しまい)	자매
□	夫婦 (ふうふ)	부부
□	主人 (しゅじん)	남편
□	妻 (つま)	아내, 처
□	奥さん (おく)	부인
□	息子 (むすこ)	아들
□	娘 (むすめ)	딸
□	孫 (まご)	손자
□	孫娘 (まごむすめ)	손녀
□	親戚 (しんせき)	친척
□	いとこ	사촌
□	甥 (おい)	조카
□	姪 (めい)	조카딸

관계 명칭

	単語 (読み)	뜻
□	人 (ひと)	사람

□ 他人(たにん) 타인, 다른 사람

□ 女性(じょせい) 여성

□ 男性(だんせい) 남성

□ 男女(だんじょ) 남녀

□ 友(とも)だち 친구

□ 恋人(こいびと) 애인, 연인

□ 隣(となり) 이웃

□ 上司(じょうし) 상사

□ 部下(ぶか) 부하

□ 同僚(どうりょう) 동료

□ お嬢(じょう)さん 아가씨

□ 先輩(せんぱい) 선배

□ 後輩(こうはい) 후배

4 관계에서 파생되는 말

□ 関係(かんけい) 관계

□ 信(しん)じる 믿다

□ 信頼(しんらい)する 신뢰하다

□	尊敬（そんけい）する	존경하다
□	褒（ほ）める	칭찬하다
□	従（したが）う	따르다, 복종하다
□	逆（さか）らう	거스르다, 거역하다
□	破（やぶ）る	어기다
□	誓（ちか）う	맹세하다
□	世話（せわ）をする	돌보다
□	嫉妬（しっと）する	질투하다
□	無視（むし）する	무시하다
□	非難（ひなん）する	비난하다

4 사람의 일생

□	人生（じんせい）	인생
□	生（い）きる	살다
□	お年（とし）	나이, 연령
□	赤（あか）ちゃん	아기
□	子（こ）ども	어린이
□	児童（じどう）	아동

□ 若者(わかもの) 젊은이

□ 青年(せいねん) 청년

□ 年寄り(としより) 노인

□ 大人(おとな)になる 어른이 되다

□ 成熟(せいじゅく)する 성숙하다

□ 成功(せいこう)する 성공하다

□ 豊(ゆた)かだ 풍족하다, 부유하다

□ 貧(まず)しい 빈곤하다

□ 一生(いっしょう) 평생

□ 生(う)まれる 출생하다, 태어나다

□ 成長(せいちょう)する 성장하다, 자라다

□ 結婚(けっこん)する 결혼하다

□ 離婚(りこん)する 이혼하다

□ 妊娠(にんしん)する 임신하다

□ 老(お)いる 늙다

□ 死(し)ぬ 죽다

Step 4 연습문제

1 앞에서 공부한 단어를 퍼즐로 확인해 보세요.

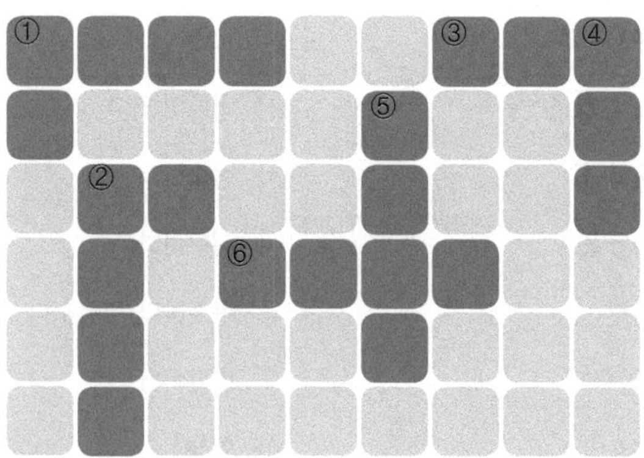

가로		세로	
①	남동생	①	삼촌
②	죽다	②	믿다
③	아들	④	어린이
⑥	관계	⑤	존경

2 다음 한자를 히라가나로 쓰고 서로 맞는 것끼리 연결해 보세요.

妹 |	여동생
娘 |	죽다
友だち |	빈곤하다
貧しい |	친구
人生 |	성공
成功 |	딸
死ぬ |	인생

3 다음은 우리 집 가족사진입니다.
번호에 해당하는 단어를 써 보세요.

① ____________________

② ____________________

③ ____________________

④ ____________________

⑤ ____________________

うちは５人家族です。

section 4

교제

직업

かしゅ
歌手
가수

せんせい
先生
선생님

がか
画家
화가

いしゃ
医者
의사

かんごふ
看護婦
간호사

はいゆう
俳優
배우

りょうし
漁師
어부

けいさつ
警察
경찰

せんしゅ
スポーツ選手
운동선수

かいしゃいん
会社員
회사원

ぎんこういん
銀行員
은행원

べんごし
弁護士
변호사

Step 2 왕초보 단어 다지기

あの 歌手(かしゅ)は 本当(ほんとう)に 歌(うた)が 上手(じょうず)だ。

저 가수는 정말 노래를 잘한다.

先生(せんせい)は 学生(がくせい)を 教(おし)える。

선생님은 학생을 가르친다.

画家(がか)は 絵(え)を 描(えが)く。

화가는 그림을 그린다.

お医者(いしゃ)さんに 診察(しんさつ)を 受(う)けた。

의사에게 진찰을 받았다.

看護婦(かんごふ)は 患者(かんじゃ)さんの 世話(せわ)を する。

간호사는 환자를 보살핀다.

あの 俳優(はいゆう)は 演技(えんぎ)が うまい。

저 배우는 연기를 잘한다.

漁師(りょうし)が 魚(さかな)を 取(と)る。

어부가 물고기를 잡다.

警察(けいさつ)が 犯人(はんにん)を 逮捕(たいほ)した。

경찰이 범인을 체포했다.

学生(がくせい)ですか、会社員(かいしゃいん)ですか。

학생이에요, 회사원이에요?

将来(しょうらい)、弁護士(べんごし)に なりたい。

장래에 변호사가 되고 싶다.

Step 3 확장 단어 섭렵하기

교제 · 방문

□ 集(あつ)まり	모임
□ 宴会(えんかい)	파티, 연회
□ 歓迎会(かんげいかい)	환영회
□ 送別会(そうべつかい)	송별회
□ 記念日(きねんび)	기념일
□ お土産(みやげ)	선물
□ 祝(いわ)う	축하하다
□ 付(つ)き合(あ)う	사귀다, 교제하다
□ 招待(しょうたい)する	초대하다
□ 迎(むか)える	마중하다
□ 見送(みおく)る	배웅하다
□ 歓迎(かんげい)する	환영하다
□ 挨拶(あいさつ)する	인사하다
□ 紹介(しょうかい)する	소개하다
□ 訪問(ほうもん)する	방문하다
□ 会(あ)う	만나다
□ 約束(やくそく)する	약속하다

- □ 待(ま)ち合(あ)わせ　　만날 약속을 함
- □ お願(ねが)いする　　부탁하다
- □ 相談(そうだん)する　　상담하다
- □ 受(う)け入(い)れる　　받아들이다
- □ 断(ことわ)る　　거절하다
- □ 別(わか)れる　　헤어지다
- □ 知(し)らせる　　알리다

트러블

- □ 喧嘩(けんか)をする　　싸움을 하다
- □ 口喧嘩(くちげんか)をする　　말싸움을 하다
- □ 謝(あやま)る　　사과하다
- □ 詫(わ)びる　　빌다
- □ 仲直(なかなお)りする　　화해하다
- □ 忠告(ちゅうこく)する　　충고하다
- □ 催促(さいそく)する　　재촉하다

인사말

□ 初(はじ)めまして。	처음 뵙겠습니다.
□ お元気(げんき)ですか。	안녕하세요?
□ すみません。	미안합니다.
□ ごくろうさま。	수고하셨습니다.
□ お先(さき)に失礼(しつれい)します。	먼저 실례하겠습니다.
□ いただきます。	잘 먹겠습니다.
□ ごちそうさまでした。	잘 먹었습니다.
□ 気(き)にしないでください。	신경 쓰지 마세요.
□ ちょっと待(ま)ってください。	잠깐만 기다려 주세요.
□ お待(ま)たせしました。	오래 기다리셨습니다.
□ おめでとう(ございます)。	축하합니다.

Step 4 연습문제

1 서로 맞는 것끼리 연결하고, 읽는 법을 히라가나로 써 보세요.

가수 •	• 約束 |
경찰 •	• 会社員 |
변호사 •	• お土産 |
회사원 •	• 弁護士 |
약속 •	• 警察 |
선물 •	• 歌手 |

2 알맞은 인사말을 보기에서 골라 써 보세요.

보기

はじめまして	ごくろうさま
おめでとう	いただきます
ちょっとまってください	

① ______________________。
축하합니다.

② ______________________。
수고하셨습니다.

③ ______________________。
잠깐 기다려 주십시오.

④ ______________________。
잘 먹겠습니다.

⑤ ______________________。
처음 뵙겠습니다.

section 5

의(衣)

 패션

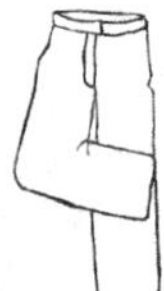

ズボン
바지

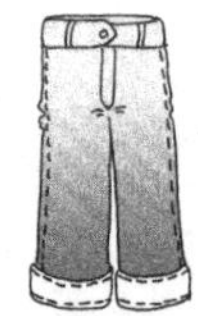

ジーンズ
청바지

スカート
스커트, 치마

ティー
Tシャツ
티셔츠

ワイシャツ
와이셔츠

セーター
스웨터

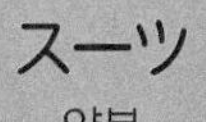

スーツ
양복

ワンピース
원피스

ドレス
드레스

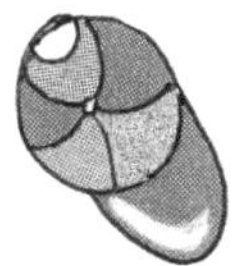

ぼうし
帽子
모자

てぶくろ
手袋
장갑

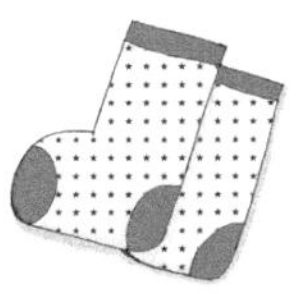

くつした
靴下
양말

Step 2 왕초보 단어 다지기

ズボンが 長(なが)すぎる。

바지가 너무 길다.

ジーンズを はく。

청바지를 입다.

ミニスカートが 流行(はや)って いる。

미니스커트가 유행하고 있다.

私(わたし)は この T(ティー)シャツが 気(き)に 入(い)って いる。

나는 이 티셔츠가 마음에 든다.

母(はは)は セーターを 編(あ)んで いる。

엄마는 스웨터를 짜고 있다.

この ワンピースは きれいだ。

이 원피스는 예쁘다.

ドレスを 着て パーティーに 行った。

드레스를 입고 파티에 갔다.

帽子を かぶる / 帽子を 取る

모자를 쓰다 / 모자를 벗다

手袋を はめる / 手袋を 取る

장갑을 끼다 / 장갑을 벗다

靴下を はく / 靴下を 脱ぐ

양말을 신다 / 양말을 벗다

Step 3 확장 단어 섭렵하기

의상

□ 服(ふく)	옷
□ 服(ふく)を着(き)る	옷을 입다
□ 服(ふく)を脱(ぬ)ぐ	옷을 벗다
□ 着替(きが)える	(옷을) 갈아입다
□ ぴったり合(あ)う	(옷이 몸에) 딱 맞다
□ きつい	(옷이) 꽉 끼다
□ 背広(せびろ)	양복
□ 上着(うわぎ)	상의
□ コート	코트
□ 下着(したぎ)	속옷
□ ネクタイ	넥타이
□ ベルト	허리띠, 벨트
□ マフラー	목도리, 머플러
□ ハンカチ	손수건
□ ポケット	주머니
□ ボタン	단추
□ 靴(くつ)	신발

□ 運動靴(うんどうぐつ)　운동화

□ ハイヒール　하이힐

□ サンダル　샌들

□ サングラス　선글라스

□ デザイン　디자인

□ サイズ　사이즈

□ 流行(はや)る　유행하다

4 미용

□ 鏡(かがみ)　거울

□ 化粧(けしょう)　화장

□ 口紅(くちべに)　립스틱

□ 香水(こうすい)　향수

□ タオル　수건

□ 歯(は)ブラシ　칫솔

□ 歯磨(はみが)き　치약

□ 歯(は)を磨(みが)く　이를 닦다

□ 顔(かお)を洗(あら)う　세수하다

- □ シャワーを浴(あ)びる　샤워를 하다
- □ 髪(かみ)を切(き)る　머리를 자르다
- □ パーマをかける　파마하다
- □ 髪(かみ)を染(そ)める　머리를 염색하다
- □ シャンプー　샴푸
- □ リンス　린스

액세서리

- □ 指輪(ゆびわ)　반지
- □ イヤリング　귀고리
- □ ネックレス　목걸이
- □ 腕時計(うでどけい)　손목시계
- □ ヘアピン　머리핀
- □ ヘアバンド　머리띠

Step 4 연습문제

1 밑줄 친 단어를 보기에서 골라 써 보세요.

보기

Tシャツ(ティー)	ズボン	スカート
靴下(くつした)	ジーンズ	コート

친구와 약속이 있어서 외출할 거예요.
먼저 ① 티셔츠를 입고, ② 청바지도 입었습니다.
아, 참! ③ 양말 신는 것을 깜빡했네요.
찬바람이 부는 겨울이니 ④ 코트도 입어야겠죠.
자, 이제 외출 준비 끝!

① ______________________

② ______________________

③ ______________________

④ ______________________

2 앞에서 공부한 단어를 퍼즐로 확인해 보세요.

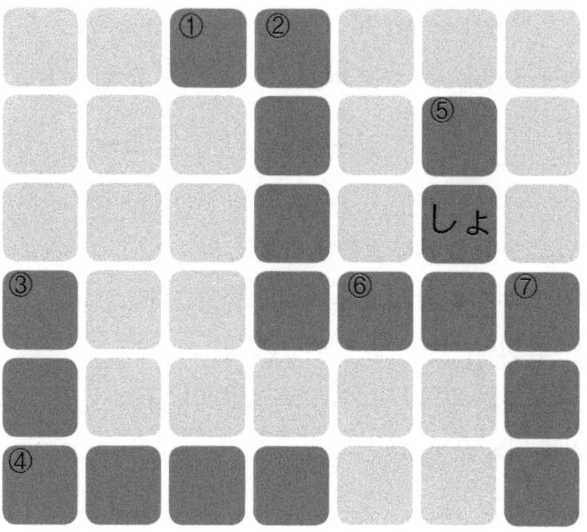

가로	세로
① 옷	② 양말
④ 스커트	③ 드레스
⑥ 모자	⑤ 화장
	⑦ 속옷

section 6

식(食) 1

Step 1  그림으로 배우는 왕초보 단어

음식

キムチ
김치

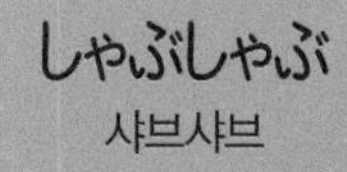

しゃぶしゃぶ
샤브샤브

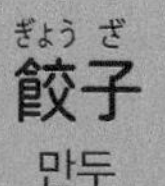

餃子(ぎょうざ)
만두

寿司(すし)
초밥

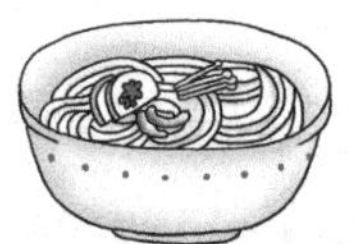

うどん
우동

刺身(さしみ)
회

ピザ
피자

アイスクリーム
아이스크림

ケーキ
케이크

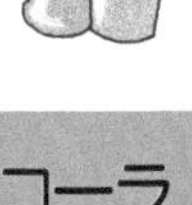

コーラ
콜라

コーヒー
커피

ちゃ
お茶
차

Step 2 왕초보 단어 다지기

かんこく　　　　から
韓国の キムチは 辛い。

한국 김치는 맵다.

にほん　でんとうりょうり　ひと
しゃぶしゃぶは 日本の 伝統料理の 一つだ。

샤브샤브는 일본 전통요리의 하나이다.

や　ぎょうざ
焼き餃子は おいしい。

군만두는 맛있다.

きのう　かいてんずしや　い
昨日、回転寿司屋に 行った。

어제 회전초밥집에 갔었다.

てん
天ぷらうどん ください。

덴푸라 우동 주세요.

うみべ　い　さしみ　た
海辺に 行って 刺身を 食べた。

바닷가에 가서 회를 먹었다.

わたし　だいす
私は ピザが 大好きです。

나는 피자를 정말 좋아합니다.

あま
ケーキと アイスクリームは とても 甘い。

케이크와 아이스크림은 아주 달다.

コーラに する? それとも コーヒーに する?

콜라 마실래? 아니면 커피 마실래?

かれ　ちゃ　の
彼と お茶を 飲んだ。

그와 차를 마셨다.

Step 3 확장 단어 섭렵하기

식생활

□ ご飯(はん)を食(た)べる	밥을 먹다
□ 朝(あさ)ご飯(はん)	아침밥
□ 昼(ひる)ご飯(はん)	점심밥
□ 夕(ゆう)ご飯(はん)	저녁밥
□ 味噌汁(みそしる)	된장국
□ パン	빵
□ サンドイッチ	샌드위치
□ ハンバーガー	햄버거
□ そば	소바
□ ラーメン	라면
□ カップラーメン	컵라면
□ 冷麺(れいめん)	냉면
□ 焼(や)き肉(にく)	불고기
□ ばら肉(にく)	삼겹살

곡물

□ お米(こめ)	쌀

□ 麦(むぎ) 보리

□ とうもろこし 옥수수

□ 豆(まめ) 콩, 대두

□ さつまいも 고구마

□ じゃがいも 감자

□ あずき 팥

□ 小麦粉(こむぎこ) 밀가루

육류 및 유제품

□ 牛肉(ぎゅうにく) 쇠고기

□ 豚肉(ぶたにく) 돼지고기

□ 鶏肉(とりにく) 닭고기

□ 卵(たまご) 계란

□ ソーセージ 소시지

□ チーズ 치즈

어패류

□ 魚(さかな) 생선

□ 鯖(さば)	고등어
□ 鯛(たい)	도미
□ 鮭(さけ)	연어
□ まぐろ	참치
□ いか	오징어
□ たこ	문어
□ 貝(かい)	조개
□ 蟹(かに)	게
□ 海老(えび)	새우
□ かき	굴
□ のり	김
□ わかめ	미역

과일

□ 果物(くだもの)	과일
□ いちご	딸기
□ りんご	사과
□ 梨(なし)	배

□ みかん	귤
□ バナナ	바나나
□ 柿(かき)	감
□ メロン	멜론
□ 葡萄(ぶどう)	포도
□ すいか	수박
□ 桃(もも)	복숭아

음료

□ 飲(の)み物(もの)	음료
□ 飲(の)む	마시다
□ お冷(ひ)や	냉수
□ ミルク / 牛乳(ぎゅうにゅう)	우유
□ 紅茶(こうちゃ)	홍차
□ ウーロン茶(ちゃ)	우롱차
□ ジャスミン茶(ちゃ)	재스민차
□ ココア	코코아
□ サイダー	사이다

□ ジュース　주스

주류

□ お酒(さけ)　술

□ ビール　맥주

□ 焼酎(しょうちゅう)　소주

□ ワイン　와인, 포도주

□ ウィスキー　위스키

□ ブランデー　브랜디

□ カクテル　칵테일

□ コニャック　코냑

□ シャンパン　샴페인

Step 4 연습문제

1 과일의 이름을 일본어로 써 보세요.

2 가족들이 무엇을 먹을지 일본어로 써 보세요.

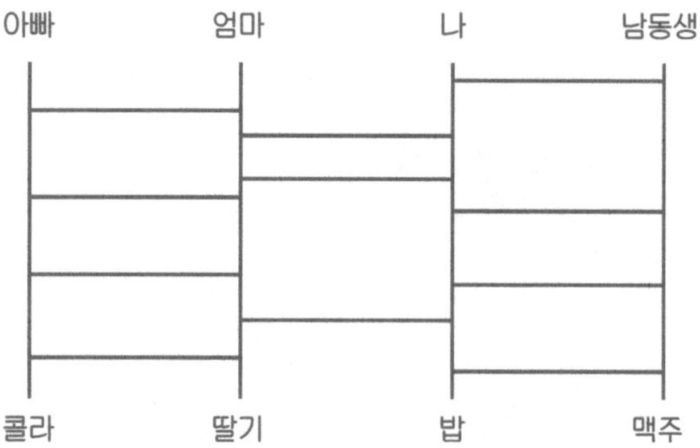

① 父は__________を飲む。

② 母は__________を食べる。

③ 私は__________を食べる。

④ 弟は__________を飲む。

section 7

식(食) 2

 야채

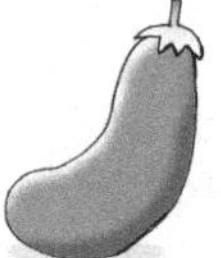

茄子(なす)
가지

唐辛子(とうがらし)
고추

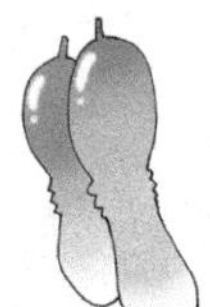

きゅうり
오이

にんにく
마늘

大根(だいこん)
무

人参(にんじん)
당근

ねぎ
파

玉(たま)ねぎ
양파

トマト
토마토

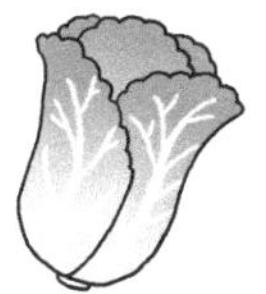

白菜(はくさい)
배추

かぼちゃ
호박

じゃがいも
감자

Step 2 왕초보 단어 다지기

私(わたし)は 茄子(なす)が きらいです。

나는 가지를 싫어합니다.

唐辛子(とうがらし)が 入(はい)った 料理(りょうり)は 辛(から)い。

고추가 들어간 요리는 맵다.

きゅうりで マッサージを した。

오이로 마사지를 했다.

大根(だいこん)は 白(しろ)くて 長(なが)い。

무는 하얗고 길다.

ウサギは 人参(にんじん)が 好(す)きだ。

토끼는 당근을 좋아한다.

鍋料理(なべりょうり)に ねぎを 入(い)れた。

찌개 요리에 파를 넣었다.

玉(たま)ねぎは 中華料理(ちゅうかりょうり)に よく 使(つか)われる。

양파는 중화요리에 자주 사용된다.

トマトは 果物(くだもの)じゃなくて 野菜(やさい)だ。

토마토는 과일이 아니라 야채다.

白菜(はくさい)は キムチの 主(おも)な 材料(ざいりょう)だ。

배추는 김치의 주재료이다.

かぼちゃの おかゆは おいしい。

호박죽은 맛있다.

Step 3 확장 단어 섭렵하기

식기

□ 食器(しょっき)	식기
□ 茶碗(ちゃわん)	밥공기
□ 箸(はし)	젓가락
□ スプーン / さじ	숟가락
□ フォーク	포크
□ お皿(さら)	접시
□ おぼん	쟁반
□ しゃくし	국자

조리 도구

□ ナイフ	칼
□ まな板(いた)	도마
□ 鍋(なべ)	냄비
□ やかん	주전자
□ フライパン	프라이팬

조미료

□ 調味料(ちょうみりょう)	조미료

□ 砂糖(さとう)	설탕
□ 塩(しお)	소금
□ 胡椒(こしょう)	후추
□ ごま	깨
□ 唐辛子(とうがらし)のこな	고춧가루
□ 味噌(みそ)	된장
□ 唐辛子(とうがらし)の味噌(みそ)	고추장
□ 醤油(しょうゆ)	간장
□ 酢(す)	식초
□ 油(あぶら)	기름
□ サラダ油(ゆ)	식용유
□ ごま油(あぶら)	참기름

4 요리하기

□ 切(き)る	자르다
□ 煮(に)る	삶다
□ 揚(あ)げる	(기름에) 튀기다
□ ゆでる	데치다
□ 沸(わ)かす	끓이다

- ☐ 温(あたた)める　데우다
- ☐ 炒(いた)める　(기름에) 볶다
- ☐ 煎(い)る　(기름에) 지지다
- ☐ 焼(や)く　(불에) 굽다
- ☐ 蒸(む)す　찌다
- ☐ 炊(た)く　(밥을) 짓다

4 맛을 표현하는 방법

- ☐ 味(あじ)　맛
- ☐ 味見(あじみ)する　맛보다
- ☐ おいしい　맛있다
- ☐ まずい　맛없다
- ☐ 辛(から)い　맵다
- ☐ 塩辛(しおから)い　짜다
- ☐ すっぱい　시다, 시큼하다
- ☐ 甘(あま)い　달다
- ☐ 苦(にが)い　쓰다
- ☐ 油(あぶら)っこい　기름지다

- □ 香(こう)ばしい　고소하다
- □ さっぱりする　담백하다, 산뜻하다
- □ 濃(こ)い　(맛이) 진하다
- □ 薄(うす)い　(맛이) 싱겁다
- □ しぶい　떫다
- □ ペコペコだ　배고프다
- □ 腹(はら)が減(へ)った　배고프다
- □ おなかが一杯(いっぱい)だ　배부르다
- □ 喉(のど)が乾(かわ)く　목마르다
- □ 噛(か)む　씹다
- □ 飲(の)み込(こ)む　넘기다, 삼키다

4 식당에서

- □ 食堂(しょくどう)　식당
- □ レストラン　레스토랑
- □ 喫茶店(きっさてん)　다방, 찻집
- □ コーヒーショップ　커피숍
- □ 中華料理(ちゅうかりょうり)　중국 요리

□ パン屋(や)	제과점
□ ファミリーレストラン	패밀리 레스토랑(= ファミレス)
□ チップ	팁
□ 献立(こんだて) / メニュー	메뉴
□ 注文(ちゅうもん)	주문
□ 勘定(かんじょう)	계산
□ 支払(しはら)う	지불하다
□ 領収書(りょうしゅうしょ)	영수증(= レシート)
□ 持(も)ち帰(かえ)り	(집으로) 가져감
□ おすすめ料理(りょうり)	추천 요리
□ セルフサービス	셀프 서비스
□ わりかん	더치페이
□ 大盛(おおも)り	양이 많은 것
□ お代(か)わり	다시 더 먹음
□ 食(た)べ過(す)ぎ	과식
□ 出前(でまえ)	배달
□ 一人前(ひとりまえ)	일인분

Step 4 연습문제

1 야채의 이름을 일본어로 써 보세요.

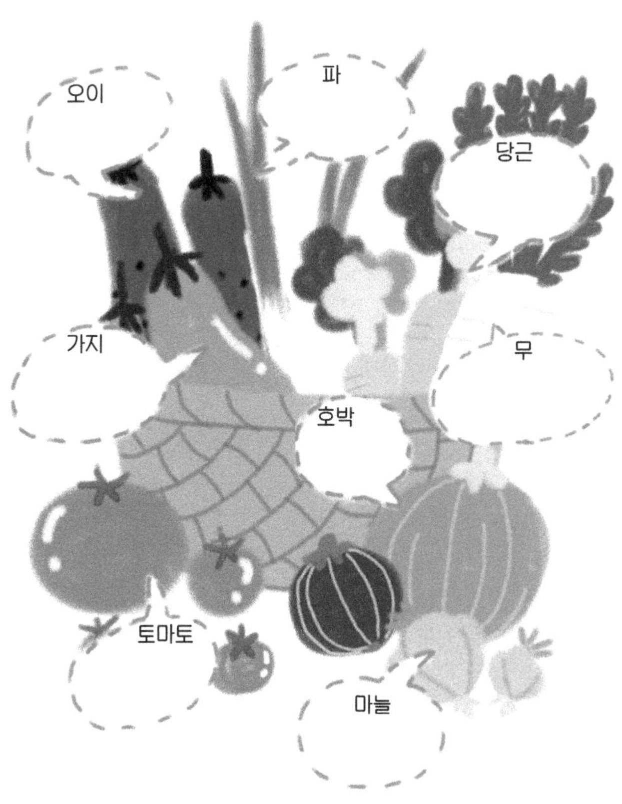

2 다음 조미료와 어울리는 맛을 연결하세요.

塩 •	• 辛い
唐辛子のこな •	• すっぱい
砂糖 •	• 油っこい
酢 •	• 香ばしい
ごま油 •	• 塩辛い
サラダ油 •	• 甘い

section 8

주(住)

Step 1 그림으로 배우는 왕초보 단어

공공기관 · 건물

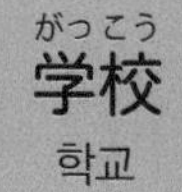

がっこう
学校
학교

としょかん
図書館
도서관

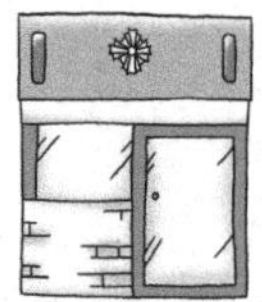

こうばん
交番
파출소

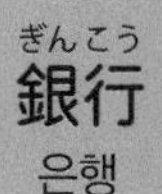

ぎんこう
銀行
은행

ゆうびんきょく
郵便局
우체국

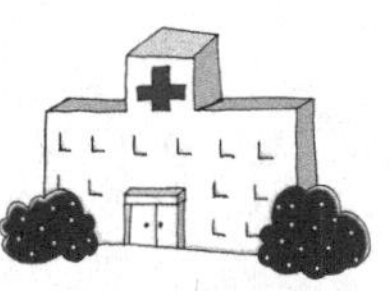

びょういん
病院
병원

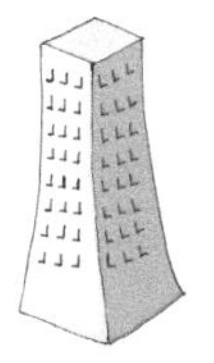

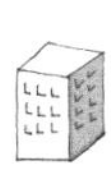

ホテル
호텔

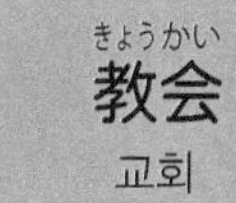

教会（きょうかい）
교회

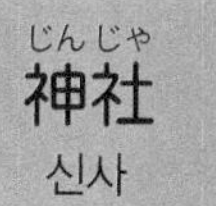

神社（じんじゃ）
신사

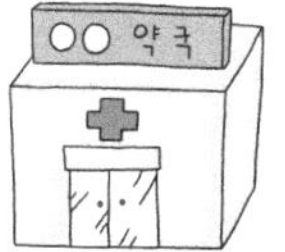

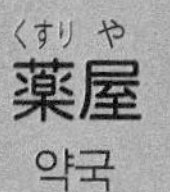

薬屋（くすりや）
약국

スーパー
슈퍼마켓

本屋（ほんや）
서점

Step 2 왕초보 단어 다지기

土曜日(どようび)には 学校(がっこう)に 行(い)かない。

토요일에는 학교에 가지 않는다.

図書館(としょかん)では 静(しず)かに しなさい。

도서관에서는 조용히 하세요.

交番(こうばん)で 道(みち)を 聞(き)いた。

파출소에서 길을 물었다.

銀行(ぎんこう)で 両替(りょうがえ)を した。

은행에서 환전을 했다.

この辺(へん)に 郵便局(ゆうびんきょく)は ありますか。

이 근처에 우체국이 있습니까?

きのう　びょういん　い
昨日、病院に 行って きた。

어제 병원에 갔다 왔다.

まいしゅう　にちようび　きょうかい　い
毎週 日曜日には 教会へ 行きます。

매주 일요일에는 교회에 갑니다.

にほん　くすりや　けしょうひん　う
日本の 薬屋では 化粧品も 売って いる。

일본 약국에서는 화장품도 판다.

かえ　みち　よ
帰り道に スーパーに 寄った。

돌아오는 길에 슈퍼에 들렀다.

ほんや　ざっし　か
本屋で 雑誌を 買いました。

서점에서 잡지를 샀습니다.

Step 3 확장 단어 섭렵하기

집

□	家(うち)	집
□	玄関(げんかん)	현관
□	部屋(へや)	방
□	居間(いま)	거실
□	応接間(おうせつま)	응접실
□	床(ゆか)	마루
□	壁(かべ)	벽
□	階(かい)	층
□	階段(かいだん)	계단
□	ベランダ	베란다
□	廊下(ろうか)	복도
□	屋根(やね)	지붕
□	屋上(おくじょう)	옥상
□	地下室(ちかしつ)	지하실
□	庭(にわ)	정원, 뜰
□	台所(だいどころ)	주방
□	風呂場(ふろば)	욕실

□ トイレ / お手洗い(てあら)　화장실

집 구하기

□ 大家(おおや)　집주인

□ 不動産(ふどうさん)　부동산

□ 家賃(やちん)　집세

□ 敷金(しききん)　보증금

□ 頭金(あたまきん)　선불 계약금

□ マンション　고급 아파트, 맨션

□ 一戸建て(いっこだ)　단독주택

□ 住む(す)　살다, 거주하다

□ 引っ越す(ひこ)　이사하다

□ 留守(るす)　집을 비움

가구

□ 家具(かぐ)　가구

□ 押し入れ(おい)　벽장

□ たんす　장롱

□ 引(ひ)き出(だ)し　서랍

□ ソファー　소파

□ 食卓(しょくたく)　식탁

□ 机(つくえ)　책상

□ 椅子(いす)　의자

□ 本立(ほんた)て　책꽂이

□ ベッド　침대

□ 布団(ふとん)　이불

□ 枕(まくら)　베개

□ カーテン　커튼

□ カーペット　양탄자, 카펫

□ 畳(たたみ)　다다미

4 가전제품

□ 家電(かでん)　가전제품

□ テレビ　텔레비전

□ ビデオ　비디오

□ リモコン　리모컨

□ コンピューター	컴퓨터
□ オーディオ	오디오
□ ラジオ	라디오
□ CD(シーディー)プレーヤー	CD 플레이어
□ 冷蔵庫(れいぞうこ)	냉장고
□ 電気釜(でんきがま)	전기밥솥
□ 電子(でんし)レンジ	전자레인지
□ ガスレンジ	가스레인지
□ エアコン / クーラー	에어컨
□ 扇風機(せんぷうき)	선풍기
□ ドライヤー	헤어드라이어
□ スタンド	스탠드
□ アイロン	다리미
□ 掃除機(そうじき)	청소기
□ 洗濯機(せんたくき)	세탁기
□ 加湿器(かしつき)	가습기
□ カメラ	카메라
□ デジカメ	디지털카메라

집 안의 잡동사니

□	鍵(かぎ)	열쇠
□	マッチ	성냥
□	ライター	라이터
□	ちり紙(がみ)	휴지
□	ティッシュ (ペーパー)	티슈
□	ごみ箱(ばこ)	쓰레기통
□	時計(とけい)	시계
□	爪切(つめき)り	손톱깎이
□	傘(かさ)	우산
□	灰皿(はいざら)	재떨이
□	カレンダー	달력
□	ブラシ	솔
□	ハンマー	망치
□	釘(くぎ)	못
□	ねじ	나사
□	ドライバー	드라이버

Step 4 연습문제

1 가정에서 사용하는 가전제품입니다. 일본어로 써 보세요.

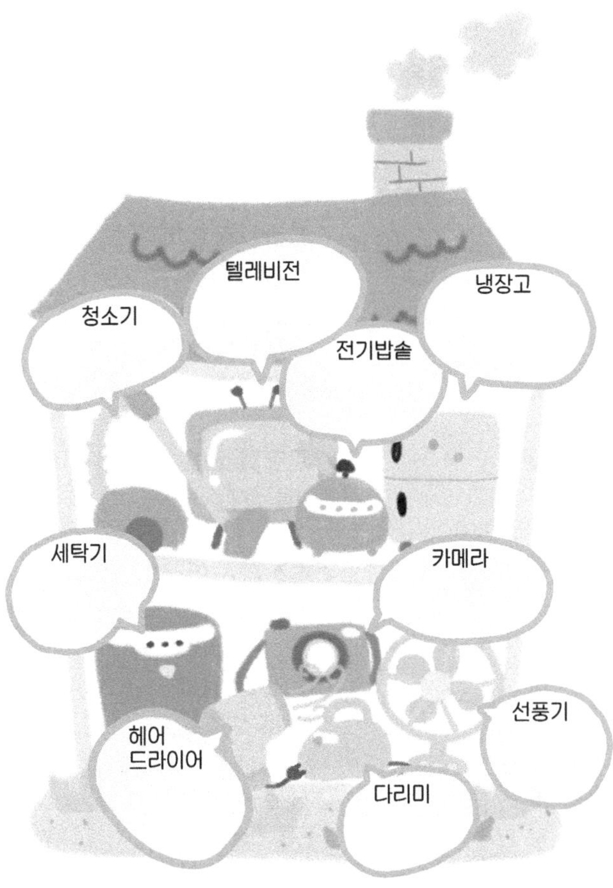

2 다음 행위가 이루어지는 장소를 보기에서 골라 써 넣으세요.

보기

教会(きょうかい)	銀行(ぎんこう)	薬屋(くすりや)
図書館(としょかん)	病院(びょういん)	郵便局(ゆうびんきょく)

① ____________でお祈(いの)りをした。
기도를 했다.

② ____________で診察(しんさつ)を受(う)けた。
진찰을 받았다.

③ ____________で薬(くすり)を買(う)った。
약을 샀다.

④ ____________で本(ほん)を読(よ)んだ。
책을 읽었다.

⑤ ____________で手紙(てがみ)を出(だ)した。
편지를 부쳤다.

⑥ ____________でお金(かね)を引(ひ)き出(だ)した。
돈을 인출했다.

section 9

교통

 교통수단

じどうしゃ
自動車
자동차

バス
버스

タクシー
택시

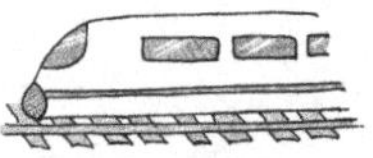

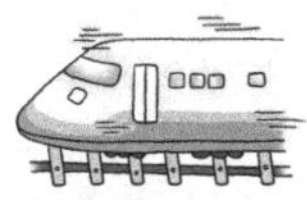

でんしゃ
電車
전철

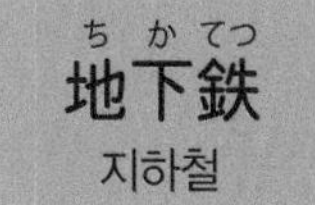
ちかてつ
地下鉄
지하철

しんかんせん
新幹線
신칸센

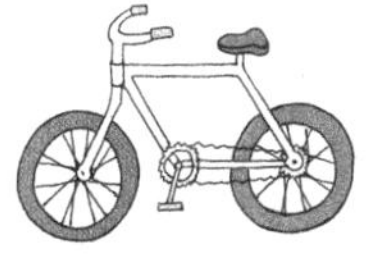

じてんしゃ
自転車
자전거

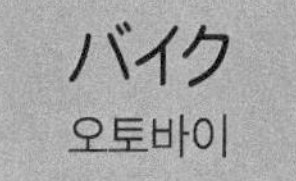

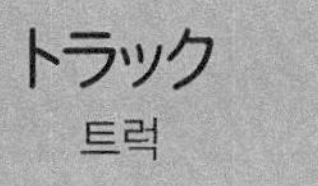

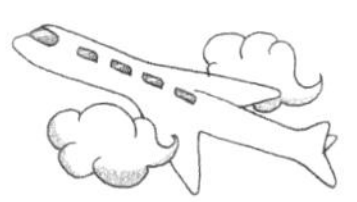

ひこうき
飛行機
비행기

ケーブルカー
케이블카

Step 2 왕초보 단어 다지기

彼(かれ)は 自動車(じどうしゃ)で 通勤(つうきん)する。

그는 자동차를 타고 통근한다.

バスに 乗(の)りかえます。

버스로 갈아탑니다.

遅(おそ)く なって タクシーに 乗(の)った。

늦어서 택시를 탔다.

この 電車(でんしゃ)は 急行列車(きゅうこうれっしゃ)です。

이 전철은 급행열차입니다.

地下鉄(ちかてつ)は 人(ひと)で 混(こ)んで いた。

지하철은 사람들로 붐비고 있었다.

しんかんせん　はや
新幹線は とても 速い。

신칸센은 매우 빠르다.

ちち　じてんしゃ　か
父が 自転車を 買って くれた。

아빠가 자전거를 사 주셨다.

かのじょ　の
彼女は バイクに 乗る ことが できる。

그녀는 오토바이를 탈 줄 안다.

けむり　で
トラックから 煙が 出た。

트럭에서 연기가 났다.

ひこうき　の　ふね　の
飛行機に 乗るの? それとも 船に 乗るの?

비행기 탈래? 아니면 배 탈래?

Step 3 확장 단어 섭렵하기

교통

□ 交通(こうつう)	교통
□ 運賃(うんちん)	차비
□ 乗客(じょうきゃく)	승객
□ 片道(かたみち)	편도
□ 往復(おうふく)	왕복
□ 駐車場(ちゅうしゃじょう)	주차장
□ 駐車禁止(ちゅうしゃきんし)	주차 금지
□ 運転免許証(うんてんめんきょしょう)	운전면허증
□ 車(くるま)に乗(の)る	차를 타다
□ 車(くるま)から降(お)りる	차에서 내리다
□ 乗(の)りかえる	갈아타다
□ 出発(しゅっぱつ)する	출발하다
□ 到着(とうちゃく)する	도착하다
□ 道(みち)が混(こ)む	길이 막히다
□ 車(くるま)を止(と)める	차를 멈추다
□ 追(お)い超(こ)す	추월하다
□ ガソリンスタンド	주유소

버스

□ バス停(てい)	버스 정류장
□ 始発(しはつ)	첫차
□ 席(せき)を譲(ゆず)る	자리를 양보하다

택시

□ タクシーを拾(ひろ)う	택시를 잡다
□ 運転手(うんてんしゅ)	운전기사
□ メーター	미터기
□ 相乗(あいの)り	합승

기차

□ 駅(えき)	역
□ 切符売(きっぷう)り場(ば)	매표소
□ 改札口(かいさつぐち)	개찰구
□ 定期券(ていきけん)	정기권
□ プラットホーム	플랫폼
□ 汽車(きしゃ)	기차

- □ 特急(とっきゅう) 특급
- □ 急行(きゅうこう) 급행
- □ 終電(しゅうでん) 마지막 열차

항공

- □ 航空(こうくう) 항공
- □ 空港(くうこう) 공항
- □ 離陸(りりく)する 이륙하다
- □ 飛行(ひこう)する 비행하다
- □ 着陸(ちゃくりく)する 착륙하다
- □ キャンセル待(ま)ち 대기
- □ ファーストクラス 일등석
- □ ビジネスクラス 비즈니스 클래스
- □ エコノミークラス 이코노미 클래스
- □ 搭乗口(とうじょうぐち) 탑승구
- □ パイロット 조종사, 파일럿
- □ スチュワーデス 스튜어디스(= フライトアテンダント)

선박

□ 船(ふね) / 船舶(せんぱく)	배, 선박
□ 港(みなと)	항구

도로 · 거리

□ 通行人(つうこうにん)	행인
□ 車道(しゃどう)	차도
□ 歩道(ほどう)	인도, 보도
□ 横断歩道(おうだんほどう)	횡단보도
□ 歩道橋(ほどうきょう)	육교
□ 大通り(おおどおり)	큰 거리, 대로
□ 高速道路(こうそくどうろ)	고속도로
□ 横町(よこちょう)	골목
□ 十字路(じゅうじろ)	사거리
□ 突(つ)き当(あ)たり	막다른 곳
□ 一方通行(いっぽうつうこう)	일방통행
□ 近道(ちかみち)	지름길
□ 信号機(しんごうき)	신호등
□ 踏(ふ)み切(き)り	건널목

위치 · 방향

□	前後(ぜんご)	전후, 앞뒤
□	上下(じょうげ)	위아래
□	左右(さゆう)	좌우
□	方向(ほうこう)	방향
□	東西(とうざい)	동서
□	南北(なんぼく)	남북
□	まっすぐ	똑바로
□	右折(うせつ)	우회전
□	左折(させつ)	좌회전
□	周囲(しゅうい)	사방, 주위
□	向(む)こう側(がわ)	맞은편
□	隣(となり)	옆
□	近(ちか)い	가깝다
□	遠(とお)い	멀다
□	中間(ちゅうかん)	중간
□	曲(ま)がる	꺾어지다, 돌다

Step 4 연습문제

1 다음 약도를 보고 (　　) 안에 알맞은 말을 〈보기〉에서 골라 넣으세요.

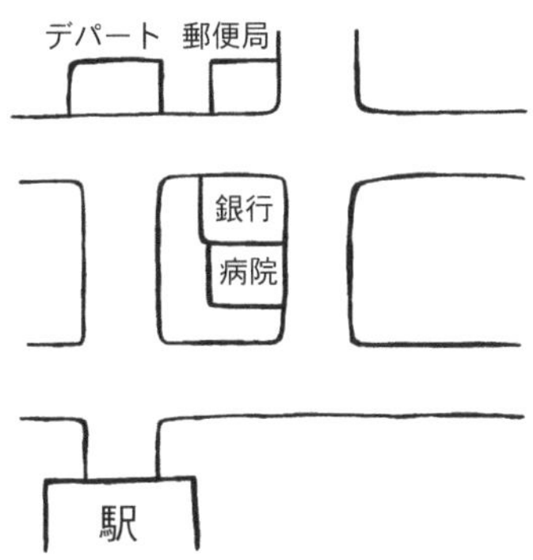

보기

となり　　曲がる　　まっすぐ　　向こう側

駅を出て、(①　　　　　　) 行くと、デパートがあります。そこを右に (②　　　　　　) と、左側に郵便局があります。その (③　　　　　　) には銀行があります。病院は銀行の (④　　　　　　) です。

2 빈칸에 들어갈 동사를 보기에서 골라 알맞은 형태로 바꿔 쓰세요.

보기

降(お)りる　混(こ)む　乗(の)りかえる　拾(ひろ)う　離陸(りりく)する

① 道(みち)が________で歩(ある)いていった。
길이 막혀서 걸어갔다.

② 電車(でんしゃ)からバスに________た。
전철에서 버스로 갈아탔다.

③ ここで________ます。
여기에서 내릴게요.

④ 当機(とうき)はまもなく________いたします。
이 비행기는 곧 이륙합니다.

⑤ 終電(しゅうでん)が切(き)れて、タクシーを________た。
막차가 끊겨서 택시를 잡았다.

section 10

동작

  그림으로 배우는 왕초보 단어

기본 동작

見(み)る
보다

聞(き)く
듣다

言(い)う
말하다

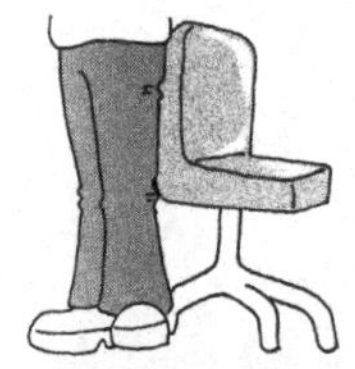

食(た)べる
먹다

飲(の)む
마시다

立(た)つ
서다

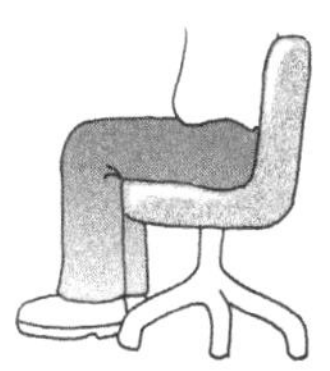

座る(すわ)
앉다

泣く(な)
울다

笑う(わら)
웃다

書く(か)
쓰다

歩く(ある)
걷다

走る(はし)
달리다

Step 2 왕초보 단어 다지기

父(ちち)は 新聞(しんぶん)を 見(み)て いる。

아버지는 신문을 보고 계신다.

音楽(おんがく)を 聞(き)きながら 勉強(べんきょう)する。

음악을 들으면서 공부하다.

何(なに)も 言(い)わないで。

아무 말도 하지 마.

お昼(ひる)に そばを 食(た)べた。

점심 때 소바를 먹었다.

昨日(きのう)、お酒(さけ)を 飲(の)んだ。

어제 술을 마셨다.

かのじょ いす すわ
彼女は 椅子に 座って いる。

그녀는 의자에 앉아 있다.

な わら
泣いて いるの、笑って いるの?

우는 거야, 웃는 거야?

かれ てがみ か
彼に 手紙を 書いた。

그에게 편지를 썼다.

かね いえ ある
お金が なくて、家まで 歩いて いった。

돈이 없어서 집까지 걸어갔다.

がっこう はし
学校まで 走って いった。

학교까지 뛰어갔다.

Step 3 확장 단어 섭렵하기

동작 1

- ☐ 見(み)える　보이다
- ☐ 眺(なが)める　바라보다
- ☐ 聞(き)こえる　들리다
- ☐ 話(はな)す　이야기하다
- ☐ しゃべる　지껄이다, 수다 떨다
- ☐ 読(よ)む　읽다
- ☐ 聞(き)く　묻다, 듣다
- ☐ 質問(しつもん)する　질문하다
- ☐ 答(こた)える　대답하다

동작 2

- ☐ 来(く)る　오다
- ☐ 行(い)く　가다
- ☐ 帰(かえ)る　돌아가다, 돌아오다
- ☐ 入(はい)る　들어가다, 들어오다
- ☐ 出(で)る　나오다
- ☐ 出(で)かける　나가다, 외출하다

- □ 飛ぶ(と) 날다
- □ 働く(はたら) 일하다
- □ 横になる(よこ) 드러눕다
- □ 遊ぶ(あそ) 놀다
- □ 動く(うご) 움직이다
- □ 待つ(ま) 기다리다
- □ 会う(あ) 만나다

동작 3

- □ 握る(にぎ) (손으로) 잡다, 쥐다
- □ 持つ(も) 가지다, 지니다
- □ 置く(お) 놓다, 두다
- □ 押す(お) 누르다
- □ 引く(ひ) 끌다, 당기다
- □ 投げる(な) 던지다
- □ 開ける(あ) 열다
- □ 開く(あ) 열리다
- □ 閉める(し) 닫다

□ 閉(し)まる	닫히다
□ 分(わ)ける	나누다
□ 使(つか)う	사용하다
□ 止(と)まる	멈추다, 정지하다
□ 終(お)わる	마치다, 끝나다
□ 守(まも)る	유지하다, 지키다
□ 作(つく)る	만들다

Step 4 연습문제

1 의미가 서로 반대되는 단어를 써 보세요.

웃다 |	⇔	울다 |
가다 |	⇔	오다 |
앉다 |	⇔	서다 |
묻다 |	⇔	대답하다 |
열다 |	⇔	닫다 |
누르다 |	⇔	당기다 |
들어가다 |	⇔	나오다 |

2 밑줄 친 동사를 알맞은 형태로 바꿔 쓰세요.

① ジュースを一杯(いっぱい)飲(の)むだ。 ________
주스를 한 잔 마셨다.

② ちょっと待(ま)つてください。 ________
잠깐만 기다려 주세요.

③ ボタンを押(お)すと、ドアが開(あ)くます。 ________
버튼을 누르면 문이 열립니다.

④ ここで会(あ)うことにしました。 ________
여기서 만나기로 했어요.

⑤ ケータイを持(も)つていますか。 ________
휴대폰을 가지고 있습니까?

⑥ ごみはごみ箱(ばこ)に捨(す)てるてください。 ________
쓰레기는 쓰레기통에 버려 주세요.

section 11

일상생활

Step 1  그림으로 배우는 왕초보 단어

 취미

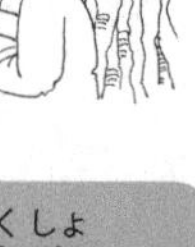

どくしょ 読書 독서	やまのぼ 山登り 등산	つり 釣 낚시

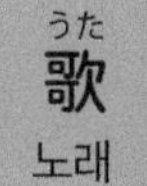

うた 歌 노래	いご 囲碁 바둑	しょどう 書道 서예

おんがく
音楽
음악

えいが
映画
영화

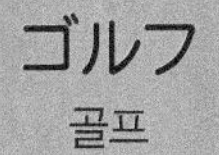

ゲーム
게임

すいえい
水泳
수영

Step 2 왕초보 단어 다지기

趣味(しゅみ)が 読書(どくしょ)だと 言(い)う 人(ひと)が 多(おお)い。

취미가 독서라고 말하는 사람이 많다.

山登(やまのぼ)りは 健康(けんこう)に いい。

등산은 건강에 좋다.

カラオケで 歌(うた)を 歌(うた)った。

노래방에서 노래를 불렀다.

父(ちち)は 囲碁(いご)も できるし、書道(しょどう)も できる。

아빠는 바둑도 둘 줄 알고, 서예도 하신다.

今週(こんしゅう)の 日曜日(にちようび)、ショッピングに 行(い)かない?

이번 주 일요일에 쇼핑하러 가지 않을래?

おんがく　　き　　　ほん　み
音楽を 聞きながら 本を 見て いる。

음악을 들으면서 책을 본다.

いっしょ　えいが　み　い
一緒に 映画 見に 行こう。

같이 영화 보러 가자.

さいきん　　　なら　はじ
最近、ゴルフを 習い始めた。

요즘 골프를 배우기 시작했다.

よるおそ
夜遅くまで コンピューターゲームを した。

밤늦게까지 컴퓨터 게임을 했다.

かれ　すいえい　じょうず
彼は 水泳が 上手だ。

그는 수영을 잘한다.

Step 3 확장 단어 섭렵하기

하루 일과

□ 目(め)を覚(さま)す	잠을 깨다
□ 起(お)きる	일어나다
□ 顔(かお)を洗(あら)う	세수하다
□ ご飯(はん)を作(つく)る	밥을 하다
□ ご飯(はん)を食(た)べる	밥을 먹다
□ 新聞(しんぶん)を見(み)る	신문을 보다
□ 歯(は)を磨(みが)く	이를 닦다
□ 出(で)かける	외출하다, 밖에 나가다
□ 出勤(しゅっきん)する	출근하다
□ 働(はたら)く	일하다
□ 退勤(たいきん)する	퇴근하다
□ 家(いえ)に帰(かえ)る	집에 가다, 귀가하다
□ 掃除(そうじ)する	청소하다
□ 休(やす)む	쉬다
□ 日記(にっき)をつける	일기를 쓰다
□ 寝(ね)る	잠자다
□ 夢(ゆめ)を見(み)る	꿈을 꾸다

학교생활

□ 出席(しゅっせき)をとる	출석을 부르다
□ 遅刻(ちこく)する	지각하다
□ 勉強(べんきょう)する	공부하다
□ 学(まな)ぶ	배우다, 공부하다
□ 習(なら)う	배우다, 익히다
□ 授業(じゅぎょう)	수업
□ 宿題(しゅくだい)	숙제
□ テスト / 試験(しけん)	시험
□ 試験(しけん)を受(う)ける	시험을 보다
□ 合格(ごうかく)する	합격하다
□ 落(お)ちる	불합격하다
□ 留学(りゅうがく)	유학
□ 入学式(にゅうがくしき)	입학식
□ 卒業式(そつぎょうしき)	졸업식
□ 運動会(うんどうかい)	운동회
□ 遠足(えんそく)	소풍
□ アルバイト	아르바이트

□ 休み(やす) 방학

연애

□ 恋愛(れんあい) 연애

□ 片思い(かたおも) 짝사랑

□ 初恋(はつこい) 첫사랑

□ デート 데이트

□ キス 키스

□ 口喧嘩(くちげんか) 말다툼

□ 彼氏(かれし) 남자친구

□ 彼女(かのじょ) 여자친구

□ 失恋(しつれん) 실연

□ 別れる(わか) 헤어지다

□ ラブレター 연애편지, 러브레터

□ 結婚(けっこん) 결혼

□ 三角関係(さんかくかんけい) 삼각관계

□ 浮気する(うわき) 바람피우다

□ 二股をかける(ふたまた) 양다리 걸치다

상품 구입

□ 商店(しょうてん)	상점
□ デパート	백화점
□ スーパー	슈퍼마켓
□ ショッピングセンター	쇼핑센터
□ コンビニ	편의점
□ お客(きゃく)さん	고객, 손님
□ 消費者(しょうひしゃ)	소비자
□ 店(みせ)	가게
□ 店員(てんいん)	점원
□ 商品(しょうひん)	상품
□ サンプル	샘플
□ 量(りょう)	양
□ 品質(ひんしつ)	품질
□ 値段(ねだん)	가격
□ 安(やす)い	싸다
□ 高(たか)い	비싸다
□ 割引(わりびき)	할인
□ お金(かね)を払(はら)う	돈을 지불하다

□ 包む(つつ)	포장하다
□ 小銭(こぜに)	잔돈
□ おつり	거스름돈
□ 現金(げんきん)	현금
□ クレジットカード	신용카드

여행

□ 旅行(りょこう)	여행
□ 観光(かんこう)	관광
□ 余暇時間(よかじかん)	여가 시간
□ 休み(やす)	휴가
□ 日帰り(ひがえ)	당일치기
□ 新婚旅行(しんこんりょこう)	신혼여행
□ パスポート	여권, 패스포트(passport)
□ ビザ	비자
□ ガイド	가이드
□ 予約(よやく)	예약
□ チェックイン	체크인(check in)
□ チェックアウト	체크아웃(check out)

Step 4 연습문제

1 그림을 보고 상황에 맞는 단어를 보기에서 골라 쓰세요.

보기

起(お)きる　寝(ね)る　歯(は)を磨(みが)く　顔(かお)を洗(あら)う

① ________　② ________

③ ________　④ ________

2 다음 대화를 완성하세요.

① A : ご趣味(しゅみ)は何(なん)ですか。
취미가 무엇입니까?

B : 歌(うた)を＿＿＿＿＿＿＿＿ことです。
노래를 부르는 것입니다.

② A : 昨日(きのう)は何(なに)をしましたか。
어제는 뭐 했어요?

B : 友(とも)だちと＿＿＿＿＿＿＿＿を見(み)ました。
친구랑 영화를 봤습니다.

③ A : 彼氏(かれし)と何(なに)かあったんですか。
남자친구랑 무슨 일 있었어요?

B : 実(じつ)は＿＿＿＿＿＿＿＿ました。
실은 헤어졌어요.

section 12

건강

Step 1  그림으로 배우는 왕초보 단어

 아픈 증상

頭(あたま)が痛(いた)い
머리가 아프다

熱(ねつ)が出(で)る
열이 나다

咳(せき)をする
기침하다

のどが腫(は)れる
목이 붓다

鼻水(はなみず)が出(で)る
콧물이 나다

お腹(なか)が痛(いた)い
배가 아프다

歯(は)が痛(いた)い
이가 아프다

鼻血(はなぢ)が出(で)る
코피가 나다

下痢(げり)をする
설사하다

怪我(けが)をする
다치다

目眩(めまい)がする
어지럽다

体(からだ)がだるい
몸이 나른하다

Step 2 왕초보 단어 다지기

昨日(きのう)から 頭(あたま)が 痛(いた)い。

어제부터 머리가 아프다.

熱(ねつ)が 出(で)て 咳(せき)も します。

열이 나고 기침도 합니다.

のどが 腫(は)れて いますね。

목이 부어 있네요.

風邪(かぜ)を 引(ひ)いて 鼻水(はなみず)が 出(で)る。

감기에 걸려서 콧물이 난다.

食(た)べ過(す)ぎて お腹(なか)が 痛(いた)い。

너무 많이 먹어서 배가 아프다.

歯(は)が 痛(いた)くて 歯医者(はいしゃ)さんに 行(い)った。

이가 아파서 치과에 갔다.

あ、鼻血(はなぢ)が 出(で)た。

어, 코피 난다.

道(みち)で 転(こ)んで 怪我(けが)を した。

길에서 넘어져서 다쳤다.

急(きゅう)に 目眩(めまい)が した。

갑자기 현기증이 났다.

体(からだ)が だるくて 熱(ねつ)が 出(で)ます。

몸이 나른하고 열이 납니다.

Step 3 확장 단어 섭렵하기

4 건강 · 질병

☐ 健康(けんこう)	건강
☐ 体力(たいりょく)	체력
☐ 病気(びょうき)	질병, 병
☐ 病気(びょうき)にかかる	병에 걸리다
☐ 病気(びょうき)が治(なお)る	병이 낫다
☐ 痛(いた)い	아프다
☐ 予防(よぼう)する	예방하다
☐ 風邪(かぜ)を引(ひ)く	감기에 걸리다
☐ 寒気(さむけ)がする	오한이 들다
☐ 吐気(はきけ)がする	구토가 나다
☐ 癌(がん)	암
☐ ストレス	스트레스
☐ アレルギー	알레르기
☐ 胃炎(いえん)	위염
☐ 傷口(きずぐち)	상처
☐ 火傷(やけど)	화상

약품

□	薬(くすり)	약
□	風邪薬(かぜぐすり)	감기약
□	薬屋(くすりや)	약국
□	薬(くすり)を飲(の)む	약을 먹다
□	水薬(みずぐすり)	물약
□	粉薬(こなぐすり)	가루약
□	ばんそうこう	반창고
□	包帯(ほうたい)	붕대

의료

□	病院(びょういん)	병원
□	病室(びょうしつ)	병실
□	医者(いしゃ)	의사
□	看護婦(かんごふ)	간호사
□	患者(かんじゃ)	환자
□	体温(たいおん)	체온
□	注射(ちゅうしゃ)を打(う)つ	주사를 놓다(맞다)

□ 治療(ちりょう) 치료

□ 手術(しゅじゅつ) 수술

□ 回復(かいふく) 회복

□ 退院(たいいん) 퇴원

□ 安楽死(あんらくし) 안락사

□ 健康診断(けんこうしんだん) 건강 진단

□ 検査(けんさ) 검사

□ 内科(ないか) 내과

□ 外科(げか) 외과

□ 歯科(しか) 치과

□ 耳鼻科(じびか) 이비인후과

Step 4 연습문제

1 문장에 알맞은 단어를 보기에서 골라 써 보세요.

보기

目眩(めまい)　痛(いた)い　出(で)ます　します

① 熱(ねつ)が出(で)て咳(せき)も＿＿＿＿＿＿。
열이 나고 기침도 합니다.

② 風邪(かぜ)を引(ひ)いて鼻水(はなみず)が＿＿＿＿＿＿。
감기에 걸려서 콧물이 납니다.

③ 食(た)べ過(す)ぎてお腹(なか)が＿＿＿＿＿＿です。
너무 많이 먹어서 배가 아픕니다.

④ 急(きゅう)に＿＿＿＿＿＿がします。
갑자기 현기증이 납니다.

2 다음을 알맞게 연결해 보세요.

風邪を •	• 引く
歯が •	• 打つ
注射を •	• 痛い
下痢を •	• かかる
病気に •	• する

section 13

스포츠 · 예술

Step 1  그림으로 배우는 왕초보 단어

스포츠

サッカー
축구

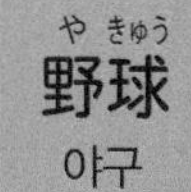

野球(やきゅう)
야구

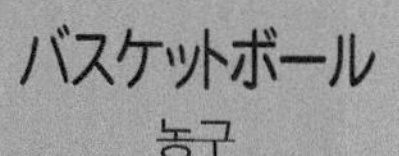

バスケットボール
농구

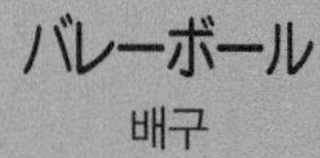

バレーボール
배구

テニス
테니스

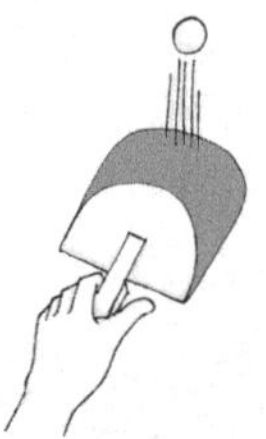

ピンポン
탁구

すいえい
水泳
수영

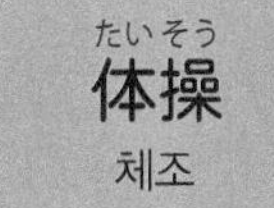
たいそう
体操
체조

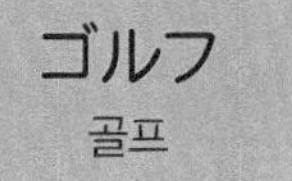
ゴルフ
골프

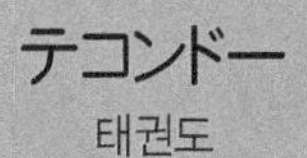
テコンドー
태권도

じゅうどう
柔道
유도

すもう
相撲
스모

Step 2 왕초보 단어 다지기

彼(かれ)は サッカー 選手(せんしゅ)です。

그는 축구 선수입니다.

僕(ぼく)は 野球(やきゅう)が 一番(いちばん) 好(す)きだ。

나는 야구를 제일 좋아한다.

友(とも)だちと バスケットボールを した。

친구들과 농구를 했다.

初(はじ)めて テニスを する 人(ひと)、いますか。

처음으로 테니스를 하는 사람 있습니까?

ピンポンは とても おもしろい。

탁구는 아주 재미있다.

きみ すいえい
君、水泳 できる?

너 수영할 줄 알아?

かんたん たいそう しょうかい
簡単な 体操を 紹介します。

간단한 체조를 소개하겠습니다.

なら ひと ふ
テコンドーを 習う 人が 増えて いる。

태권도를 배우는 사람이 늘고 있다.

じゅうどう にほん こくぎ
柔道は 日本の 国技です。

유도는 일본의 국기입니다.

すもう たいかい とうきょう ひら
相撲 大会が 東京で 開かれた。

스모 대회가 도쿄에서 열렸다.

확장 단어 섭렵하기

스포츠

□ 運動(うんどう)	운동
□ バドミントン	배드민턴
□ ボーリング	볼링
□ マラソン	마라톤
□ レスリング	레슬링
□ ビリヤード	당구
□ スキー	스키
□ スケート	스케이트
□ 乗馬(じょうば)	승마
□ 試合(しあい)	시합
□ ワールドカップ	월드컵
□ オリンピック	올림픽
□ 決勝(けっしょう)	결승
□ 勝(か)つ	이기다
□ 負(ま)ける	지다
□ 引(ひ)き分(わ)け	비김

예술

□ 芸術(げいじゅつ)	예술
□ 鑑賞(かんしょう)	감상
□ スター	스타
□ 芸能人(げいのうじん)	연예인
□ 人気(にんき)がある	인기가 있다
□ アンコール	앙코르(encore)

미술

□ 絵(え)	그림
□ 描(えが)く	그리다
□ 写真(しゃしん)	사진
□ 写真(しゃしん)をとる	사진을 찍다
□ 美術館(びじゅつかん)	미술관
□ 傑作(けっさく)	걸작
□ 画家(がか)	화가
□ 展示会(てんじかい)	전시회, 전람회

연극 · 영화

□	映画(えいが)	영화
□	映画館(えいがかん)	영화관
□	演劇(えんげき)	연극
□	劇場(げきじょう)	극장
□	リハーサル	리허설
□	上映(じょうえい)	상영
□	舞台(ぶたい)	무대
□	観客(かんきゃく)	관객, 관중
□	俳優(はいゆう)	배우
□	監督(かんとく)	감독
□	シナリオ	각본, 시나리오
□	台詞(せりふ)	대사
□	チケット	티켓, 입장권

음악

□	音楽(おんがく)	음악
□	音楽家(おんがくか)	음악가

□ 楽譜(がくふ) 악보
□ 演奏(えんそう) 연주
□ リズム 리듬
□ 音楽会(おんがくかい) 음악회
□ コンサート 콘서트
□ ロック 로큰롤
□ クラシック 클래식
□ ジャズ 재즈
□ J-POP(ジェーポップ) 일본 대중음악

4 악기

□ 楽器(がっき) 악기
□ ピアノ 피아노
□ ギター 기타
□ バイオリン 바이올린
□ ビオラ 비올라
□ チェロ 첼로
□ フルート 플루트

□ トランペット　트럼펫

□ オカリナ　오카리나

□ ハーモニカ　하모니카

□ ドラム　드럼

□ 三味線(しゃみせん)　샤미센

□ 弾(ひ)く　(현악기를) 켜다, 치다

□ 笛(ふえ)を吹(ふ)く　피리를 불다

Step 4 연습문제

1 빈칸에 알맞은 동사를 보기에서 골라 넣어 보세요.

보기

とる　　見(み)る　　弾(ひ)く　　描(えが)く

① 友(とも)だちと映画(えいが)を＿＿＿＿＿＿。
친구와 영화를 보다.

② ピアノを＿＿＿＿＿＿。
피아노를 치다.

③ 私(わたし)の趣味(しゅみ)は写真(しゃしん)を＿＿＿＿＿＿ことです。
내 취미는 사진을 찍는 것입니다.

④ 絵(え)を＿＿＿＿＿＿。
그림을 그리다.

2 앞에서 공부한 단어를 퍼즐로 확인해 보세요.

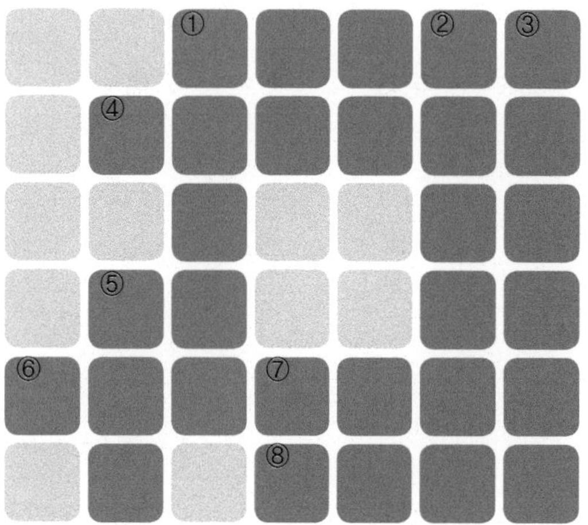

가로		세로	
①	스키	①	스케이트
④	티켓, 입장권	②	클래식
⑥	기타	③	배드민턴
⑦	로큰롤	⑤	스타
⑧	마라톤		

section 14

문화 · 교육

 학습 도구

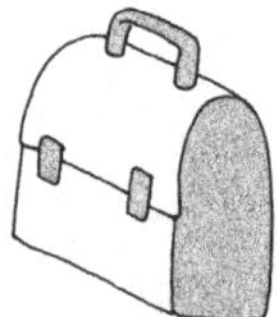

かばん
가방

きょうかしょ
教科書
교과서

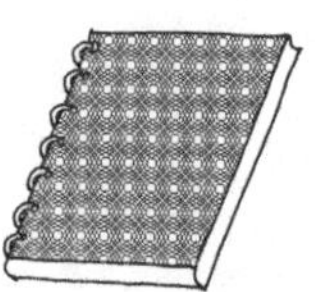

ノート
노트

ふでばこ
筆箱
필통

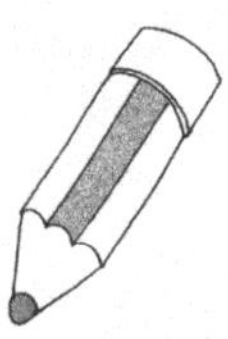

えんぴつ
鉛筆
연필

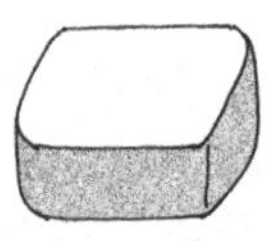

け
消しゴム
지우개

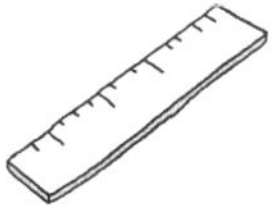

定規(じょうぎ)
자

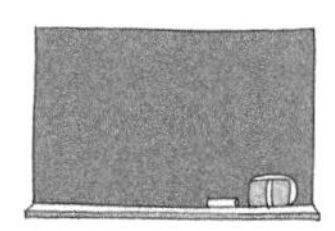

黒板(こくばん)
칠판

チョーク
분필

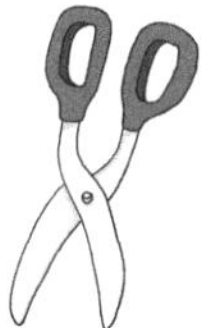

はさみ
가위

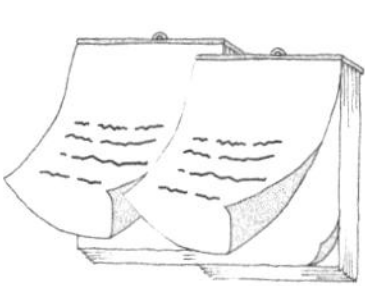

紙(かみ)
종이

糊(のり)
풀

Step 2 왕초보 단어 다지기

かばんは テーブルの 上(うえ)に 置(お)いて ある。

가방은 탁자 위에 놓여 있다.

かばんの 中(なか)には 教科書(きょうかしょ)と ノートが ある。

가방 안에는 교과서와 노트가 있다.

筆箱(ふでばこ)に ペンを 入(い)れた。

필통에 펜을 넣었다.

筆箱(ふでばこ)の 中(なか)には 鉛筆(えんぴつ)と 消(け)しゴムが ある。

필통 안에는 연필과 지우개가 있다.

定規(じょうぎ)で 線(せん)を 引(ひ)いた。

자로 선을 그었다.

先生(せんせい)は 黒板(こくばん)に 字(じ)を 書(か)いた。

선생님은 칠판에 글씨를 쓰셨다.

チョークが すべて 折(お)れて しまった。

분필이 모두 부러져 버렸다.

はさみで 切(き)って ください。

가위로 잘라 주세요.

この 花(はな)は 紙(かみ)で 作(つく)った ものだ。

이 꽃은 종이로 만든 것이다.

これは 糊(のり)より テープで 貼(は)るのが いい。

이것은 풀보다 테이프로 붙이는 게 좋다.

Step 3 확장 단어 섭렵하기

문화

ぶんか	□ 文化	문화
ぶんめい	□ 文明	문명
はったつ	□ 発達	발달
しんぽ	□ 進歩	진보
でんとう	□ 伝統	전통
かんしゅう	□ 慣習	관습
いさん	□ 遺産	유산

교육

きょういく	□ 教育	교육
がっこう	□ 学校	학교
だんじょきょうがく	□ 男女共学	남녀공학
ようちえん	□ 幼稚園	유치원
しょうがっこう	□ 小学校	초등학교
ちゅうがっこう	□ 中学校	중학교
こうとうがっこう	□ 高等学校	고등학교
だいがく	□ 大学	대학

□	がくせい 学生	학생
□	せんせい 先生	선생님
□	きょうじゅ 教授	교수
□	しょうがくきん 奨学金	장학금
□	にゅうがく 入学	입학
□	そつぎょう 卒業	졸업
□	カリキュラム	커리큘럼
□	がっき 学期	학기
□	せんこう 専攻	전공
□	クラス	클래스, 반
□	じゅぎょう 授業	수업, 강의
□	しゅくだい 宿題	숙제
□	リポート	보고서, 리포트
□	せいせきひょう 成績表	성적표
□	ろんぶん 論文	논문
□	たんい 単位	학점
□	しけん 試験	시험
□	しけん う 試験を受ける	시험을 보다

- □ 試験(しけん)に合格(ごうかく)する — 시험에 합격하다
- □ 試験(しけん)に落(お)ちる — 시험에 떨어지다

매스미디어

- □ マスメディア — 대중매체, 매스미디어
- □ 新聞(しんぶん) — 신문
- □ 記者(きしゃ) — 기자
- □ 報道(ほうどう) — 보도(=リポート)
- □ 取材(しゅざい) — 취재
- □ 放送局(ほうそうきょく) — 방송국
- □ 番組(ばんぐみ) — 방송 프로, 프로그램
- □ 放送(ほうそう) — 방송
- □ 再放送(さいほうそう) — 재방송
- □ 生放送(なまほうそう) — 생방송
- □ 視聴率(しちょうりつ) — 시청률
- □ 司会者(しかいしゃ) — 사회자, 진행자

출판물

□ 出版(しゅっぱん)　출판

□ 本(ほん)　책

□ 小説(しょうせつ)　소설

□ エッセイ　에세이

□ 単行本(たんこうぼん)　단행본

□ 雑誌(ざっし)　잡지

□ 辞典(じてん)　사전

□ 作家(さっか)　지은이, 작가

□ 作品(さくひん)　작품

□ 原稿(げんこう)　원고

□ 翻訳(ほんやく)　번역

□ ベストセラー　베스트셀러

종교

□ 宗教(しゅうきょう)　종교

□ キリスト教(きょう)　기독교

□ カトリック　천주교

- □ 仏教(ぶっきょう) 불교
- □ イスラム教(きょう) 이슬람교
- □ 教会(きょうかい) 교회
- □ お寺(てら) 절
- □ 神社(じんじゃ) 신사
- □ 信仰(しんこう) 신앙
- □ 迷信(めいしん) 미신
- □ 信(しん)じる 믿다, 신봉하다
- □ 祈(いの)る 기도하다

Step 4 연습문제

1 다음 한자어를 히라가나로 써 보세요.

入学 |

雑誌 |

試験 |

専攻 |

辞典 |

2 다음을 한자로 써 보세요.

しんぽ |

しゅうきょう |

ちゅうがっこう |

せいせき |

しんぶん |

section 15

컴퓨터 · 통신

 컴퓨터 · 통신

コンピューター
컴퓨터

ノートブック
노트북

キーボード
키보드

モニター
모니터

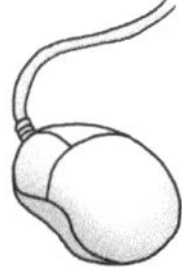

マウス
마우스

でんわ
電話
전화

けいたいでんわ
携帯電話
휴대전화

ファクシミリ
팩스

Step 2 왕초보 단어 다지기

コンピューターを 一台(いちだい) 買(か)う つもりだ。

컴퓨터를 한 대 살 계획이다.

ノートブックは 軽(かる)くて 便利(べんり)だ。

노트북은 가볍고 편리하다.

キーボードが 壊(こわ)れて しまった。

키보드가 망가져 버렸다.

モニターは 机(つくえ)の 上(うえ)に ある。

모니터는 책상 위에 있다.

マウスを クリックして ください。

마우스를 클릭하세요.

友だちに 電話を かけた。

친구에게 전화를 걸었다.

彼女は 携帯電話を 持って いる。

그녀는 휴대전화를 가지고 있다.

私は ファクシミリが 使えない。

나는 팩스를 사용할 줄 모른다.

Step 3 확장 단어 섭렵하기

컴퓨터

□ デジタル	디지털(digital)
□ アナログ	아날로그(analogue)
□ 本体(ほんたい)	본체
□ スキャナー	스캐너
□ メモリー	메모리
□ クリック	클릭
□ ダブルクリック	더블 클릭
□ ハードウェア	하드웨어
□ ソフトウェア	소프트웨어
□ ファイル	파일
□ フォーマット	포맷, 초기화
□ インストール	인스톨
□ 入力(にゅうりょく)	입력
□ 保存(ほぞん)	저장
□ (ファイルを) コピーする	(파일을) 복사하다
□ 削除(さくじょ)	삭제
□ バックアップ	백업

□ プリント　　프린트

인터넷

□ インターネット　　인터넷

□ ネットワーク　　네트워크

□ 接続(せつぞく)する　　접속하다

□ 電子(でんし)メール　　전자 메일

□ メールを送(おく)る　　메일을 보내다

□ メル友(とも)　　메일 친구

□ 検索(けんさく)　　검색(= サーチ)

□ ダウンロード　　다운로드

□ ホームページ　　홈페이지

□ サイト　　사이트

□ ネチズン　　네티즌

□ 書(か)き込(こ)み　　글을 올림

□ インターネットカフェ　　피시방

□ ウイルス　　바이러스

□ ハッカー　　해커

통신

□ 通信（つうしん）	통신
□ 郵便（ゆうびん）	우편
□ 手紙（てがみ）	편지
□ 封筒（ふうとう）	편지 봉투
□ 葉書（はがき）	엽서
□ 書留（かきとめ）	등기
□ 小包（こづつみ）	소포
□ 宅急便（たっきゅうびん）	택배
□ 切手（きって）	우표
□ 郵便屋（ゆうびんや）	집배원
□ 郵便番号（ゆうびんばんごう）	우편번호

Step 4 연습문제

1 다음을 각각 알맞은 것끼리 연결하세요.

전자 메일 •	• 検索
인터넷 •	• クリック
클릭 •	• 電子メール
우표 •	• ダウンロード
다운로드 •	• 切手
검색 •	• インターネット

2 빈칸에 알맞은 가타카나를 써 넣으세요.

① 컴퓨터 コ●ピュー●ー

② 모니터 モ●●ー

③ 디지털 デジ●●

④ 파일 ファ●●

⑤ 바이러스 ウ●●●

section 16

자연

 12지 동물

ねずみ
쥐

<ruby>うし</ruby>
牛
소

とら
虎
호랑이

ウサギ
토끼

りゅう
竜
용

へび
蛇
뱀

うま
馬
말

ひつじ
羊
양

さる
猿
원숭이

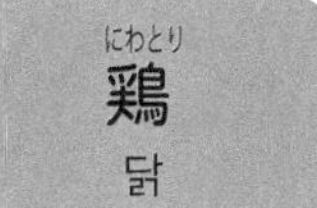

にわとり
鶏
닭

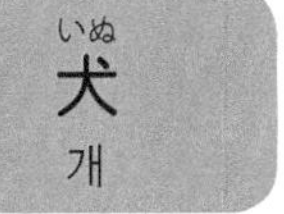

いぬ
犬
개

ぶた
豚
돼지

Step 2 왕초보 단어 다지기

ねずみは 猫(ねこ)を 怖(こわ)がる。

쥐는 고양이를 무서워한다.

牛(うし)が 草(くさ)を 食(た)べて いる。

소가 풀을 먹고 있다.

動物園(どうぶつえん)に 虎(とら)が いる。

동물원에 호랑이가 있다.

ウサギは かわいい。

토끼는 귀엽다.

ゆうべ 竜(りゅう)の 夢(ゆめ)を 見(み)た。

어젯밤 용꿈을 꿨다.

馬(うま)の 耳(みみ)に 念仏(ねんぶつ)。

말 귀에 염불. 마이동풍.

羊(ひつじ)は おとなしい。

양은 얌전하다.

猿(さる)は 利口(りこう)な 動物(どうぶつ)だ。

원숭이는 영리한 동물이다.

母(はは)は 庭(にわ)で 鶏(にわとり)を 飼(か)って いる。

엄마는 마당에서 닭을 키운다.

私(わたし)は 犬(いぬ)が きらいだ。

나는 개를 싫어한다.

Step 3 확장 단어 섭렵하기

동물

□ 動物(どうぶつ)	동물
□ ライオン	사자
□ パンダ	판다
□ 狐(きつね)	여우
□ 狸(たぬき)	너구리
□ 象(ぞう)	코끼리
□ 鳥(とり)	새
□ あひる	오리
□ 雀(すずめ)	참새
□ 烏(からす)	까마귀
□ 鳩(はと)	비둘기

식물

□ 植物(しょくぶつ)	식물
□ 花(はな)	꽃
□ 草(くさ)	풀
□ 木(き)	나무

- □ 葉(は) 잎
- □ とげ 가시
- □ 根(ね) 뿌리
- □ 幹(みき) 줄기
- □ 枝(えだ) 가지

자연

- □ 自然(しぜん) 자연
- □ 大陸(たいりく) 대륙
- □ 陸地(りくち) 육지
- □ 山(やま) 산
- □ 渓谷(けいこく) 계곡
- □ 滝(たき) 폭포
- □ 森(もり) 숲
- □ 石(いし) 돌
- □ 海(うみ) 바다
- □ 海辺(うみべ) 해변, 바닷가
- □ 波(なみ) 파도

□ 川(かわ) 강

□ 湖(みずうみ) 호수

□ 島(しま) 섬

□ 砂漠(さばく) 사막

□ 平原(へいげん) 평원

□ 高原(こうげん) 고원

□ 草原(そうげん) 초원

□ 田(た) 논(=たんぼ)

□ 畑(はたけ) 밭

우주

□ 宇宙(うちゅう) 우주

□ 天体(てんたい) 천체

□ 銀河(ぎんが) 은하(=天(てん)の川(がわ))

□ 星(ほし) 별

□ 月(つき) 달

□ 太陽(たいよう) 태양

□ 地球(ちきゅう) 지구

☐	じんこうえいせい	人工衛星	인공위성
☐		ロケット	로켓

4 날씨

☐	てんき	天気	날씨
☐	てんきよほう	天気予報	일기예보
☐	きこう	気候	기후
☐	そら	空	하늘
☐	は	晴れる	맑다
☐	くも	曇る	흐리다
☐	あめ	雨	비
☐	あめ ふ	雨が降る	비가 내리다
☐	ゆうだち	夕立	소나기
☐	つゆ	梅雨	장마
☐	きり	霧	안개
☐	しも	霜	서리
☐	つゆ	露	이슬
☐	きりさめ / さいう	霧雨 / 細雨	이슬비

☐	雪(ゆき)	눈
☐	雪(ゆき)が降(ふ)る	눈이 내리다
☐	風(かぜ)	바람
☐	風(かぜ)が吹(ふ)く	바람이 불다
☐	雷(かみなり)が鳴(な)る	천둥이 치다
☐	嵐(あらし)	폭풍우
☐	虹(にじ)	무지개
☐	暖(あたた)かい	따뜻하다
☐	暑(あつ)い	덥다
☐	蒸(む)し暑(あつ)い	무덥다
☐	涼(すず)しい	시원하다
☐	寒(さむ)い	춥다
☐	乾燥(かんそう)している	건조하다
☐	湿気(しっけ)が多(おお)い	습기가 많다
☐	温度(おんど)	온도
☐	湿度(しつど)	습도
☐	季節(きせつ)	계절

Step 4 연습문제

1 다음은 12지 동물입니다. 동물들의 이름을 일본어로 써 보세요.

2 앞에서 공부한 단어를 퍼즐로 확인해 보세요.

가로	세로
① 우주	① 바다
③ 섬	② 산
④ 소	④ 말
⑥ 여우	⑤ 계절
⑧ 눈	⑦ 이슬

section 17

정답

Section 1

1

頭(あたま)	목
背中(せなか)	손가락
髪の毛(かみのけ)	혀
骨(ほね)	머리카락
指(ゆび)	등
舌(した)	뼈
首(くび)	머리

2

가로	세로
① かみのけ	① かお
② あせ	③ せがたかい
⑤ あし	④ こし
⑦ ゆび	⑥ まゆ
⑨ びじん	⑧ てくび

Section 2

1

いい	⇔	悪(わる)い
積極的(せっきょくてき)だ	⇔	消極的(しょうきょくてき)だ
心配(しんぱい)する	⇔	安心(あんしん)する
嬉(うれ)しい	⇔	悲(かな)しい
決心(けっしん)する	⇔	諦(あきら)める
覚(おぼ)える	⇔	忘(わる)れる

2

가로	세로
② おどろく	① よろこぶ
④ おこる	③ くるう
⑥ はずかしい	⑤ さびしい
⑦ しる	⑦ しこう

Section 3

1

가로	세로
① おとうと	① おじ
② しぬ	② しんじる
③ むすこ	④ こども
⑥ かんけい	⑤ そんけい

2

妹(いもうと)	여동생
娘(むすめ)	죽다
友だち(ともだち)	빈곤하다
貧しい(まずしい)	친구
人生(じんせい)	성공
成功(せいこう)	딸
死ぬ(しぬ)	인생

3

① 父(ちち)

② 母(はは)

③ 弟(おとうと)

④ 私(わたし)

⑤ 兄(あに)

Section 4

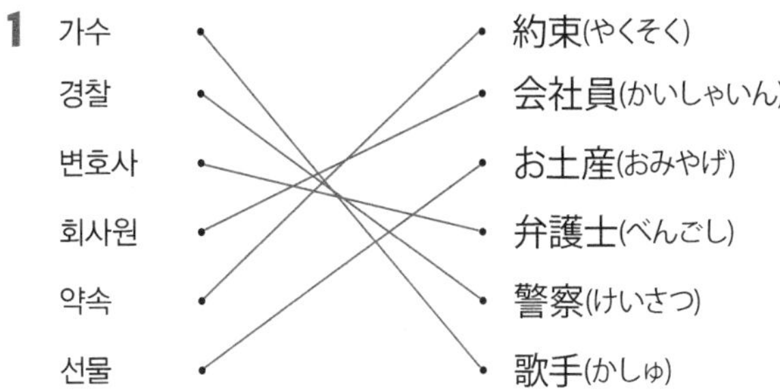

2 ① おめでとう

② ごくろうさま

③ ちょっとまってください

④ いただきます

⑤ はじめまして

Section 5

1
① 티셔츠 Tシャツ(ティー)
② 청바지 ジーンズ
③ 양말 靴下(くつした)
④ 코트 コート

2

가로	세로
① ふく	② くつした
④ スカート	③ ドレス
⑥ ぼうし	⑤ けしょう
	⑦ したぎ

Section 6

1

사과	りんご
수박	すいか
바나나	バナナ
포도	ぶどう
복숭아	もも
귤	みかん
딸기	いちご
감	かき
배	なし

2

① ビール

② いちご

③ ごはん

④ コーラ

Section 7

1

오이	きゅうり
파	ねぎ
당근	にんじん
가지	なす
무	だいこん
호박	かぼちゃ
토마토	トマト
마늘	にんにく

2

- 塩 — 塩辛い
- 唐辛子のこな — 辛い
- 砂糖 — 甘い
- 酢 — すっぱい
- ごま油 — 香ばしい
- サラダ油 — 油っこい

Section 8

1	청소기	掃除機(そうじき)
	텔레비전	テレビ
	전기밥솥	電気釜(でんきがま)
	냉장고	冷蔵庫(れいぞうこ)
	세탁기	洗濯機(せんたくき)
	카메라	カメラ
	헤어드라이어	ドライヤー
	다리미	アイロン
	선풍기	扇風機(せんぷうき)

2
① 教会(きょうかい)
② 病院(びょういん)
③ 薬屋(くすりや)
④ 図書館(としょかん)
⑤ 郵便局(ゆうびんきょく)
⑥ 銀行(ぎんこう)

Section 9

1 ① まっすぐ

② 曲(ま)がる

③ 向(む)こう側(がわ)

④ となり

2 ① 混(こ)ん

② 乗(の)りかえ

③ 降(お)り

④ 離陸(りりく)

⑤ 拾(ひろ)っ

Section 10

1 笑(わら)う ⇔ 泣(な)く

行(い)く ⇔ 来(く)る

座(すわ)る ⇔ 立(た)つ

聞(き)く ⇔ 答(こた)える

開(あ)ける ⇔ 閉(し)める

押(お)す ⇔ 引(ひ)く

入(はい)る ⇔ 出(で)る

2 ① 飲(の)ん

② 待(ま)っ

③ 開(あ)き

④ 会(あ)う

⑤ 持(も)っ

⑥ 捨(す)て

Section 11

1 ① 起(お)きる

② 顔(かお)を洗(あら)う

③ 歯(は)を磨(みが)く

④ 寝(ね)る

2 ① 歌(うた)う

② 映画(えいが)

③ 別(わか)れ

Section 12

1
① します
② 出(で)ます
③ 痛(いた)い
④ 目眩(めまい)

2

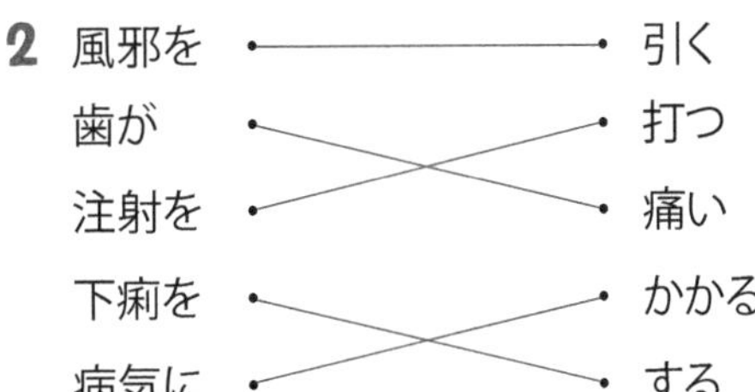

Section 13

1 ① 見(み)る

② 弾(ひ)く

③ とる

④ 描(えが)く

2

가로	세로
① スキー	① スケート
④ チケット	② クラシック
⑥ ギター	③ バドミントン
⑦ ロック	⑤ スター
⑧ マラソン	

Section 14

1 にゅうがく

ざっし

しけん

せんこう

じてん

2 進歩

宗教

中学校

成績

新聞

Section 15

1

전자 메일	検索
인터넷	クリック
클릭	電子メール
우표	ダウンロード
다운로드	切手
검색	インターネット

2 ① ン, タ

② ニ, タ

③ タ, ル

④ イ, ル

⑤ イ, ル, ス

Section 16

1

쥐	ねずみ
소	牛(うし)
호랑이	虎(とら)
토끼	ウサギ
용	竜(りゅう)
뱀	蛇(へび)
말	馬(うま)
양	羊(ひつじ)
원숭이	猿(さる)
닭	鶏(にわとり)
개	犬(いぬ)
돼지	豚(ぶた)

2

가로	세로
① うちゅう	① うみ
③ しま	② やま
④ うし	④ うま
⑥ きつね	⑤ きせつ
⑧ ゆき	⑦ つゆ